★★★★★

东京五星烤肉店

〔日〕岸朝子　日本东京书籍株式会社　编著
黄晔　译

北京出版集团公司
北京美术摄影出版社

目录

◎商品的价格信息可能会有所变动
◎商品的价格均为含税的价格
◎书中的菜单只是店铺的部分菜单
◎休息日可能会有所变动，在去之前请先与餐厅确认
◎书中的英文店名、地名等系原名或原名音译

前言

　　第二次世界大战之后，日本人的饮食生活日趋多样化。人们在日常饮食中加入了肉、蛋、奶等元素，之前缺乏的营养成分由此得到了补足。特别是作为优质蛋白质来源的肉类，在第二次世界大战之后的昭和20年代（1945—1955年），日本人每人每天的平均摄取量只有25克，而现在却已经达到了近80克。尽管最近也听到一些批评的声音，说这是在走向欧洲化饮食，从而导致动物性脂肪摄取过量等。不过，事实却是日本是世界上排名第一的长寿国，而且日本的健康饮食也不断受到欧美国家的关注。

　　在明治时代（1868—1912年）之前，日本人是不吃牛肉和猪肉的。之后有人想出用酱油、砂糖、味噌等给肉类调味，来迎合日本人的口味。又有人将炸猪排切成小块，方便筷子夹着吃。虽然有人说肉食超标已经亮了黄灯，但比起那些将肉作为主食的国家，肉食在日本只是彻头彻尾的副食，只要摄取适量，完全不用担心发胖或胆固醇超标。我在很累或者心情郁闷的时候会不管不顾地大口吃上200克左右的牛排或者炸猪排，当然不是那种脂肪最少的里脊肉，而是带着油花的牛外脊或猪大排，然后瞬间就满血复活了。

　　据说牛肉中含有大量的铁元素，而猪肉或野猪肉中则多含不饱和脂肪酸，且胆固醇含量很低。冲绳地区的居民常食猪肉却依然长寿，不仅是因为猪肉本身比较健康，而且还因为他们会将猪肉块焯水后再食用，从而大大地减少了脂肪的摄取。有了这些颇具智慧的烹调秘籍，再加上使用酱油、味噌、醋和酒等日本传统调料，才有了现在既健康又能延年益寿的日本美食。我希望能将这些美食传播到世界上更多的地方去，让更多的人受益。

岸朝子

中央区

银座・日本桥

新丸ビル

グランドトウキョウ
ノースタワー
大丸

八重洲
一丁目

皇居外苑
千代田区

丸ビル

二重橋前駅

三菱電機ビル
三菱ビル

東京駅

八重洲中央口前

城東小

丸の内
マイプラザ
明治生命館

東京中央
郵便局

丸の内二丁目

外堀通り

グランドトウキョウ
サウスタワー

都営三田線

東京ビル

新東京ビル

東京駅

丸の内三丁目

パシフィックセンチュリー
プレイス

伊勢广京桥总店

八重洲
二丁目 明治屋ストア

京
橋
駅

京
二

帝国劇場

東京国際
フォーラム

横須賀線

八重洲
富士屋ホテル

日比谷駅

有楽町駅

新幹線

鍛冶橋

京橋三丁目

近代美術館
フィルムセンタ

有楽町
一丁目

DNタワー 21

新有楽町ビル

日比谷駅

有楽町駅

東京
交通会館

西銀座入口

西洋銀座

西銀座入口

東銀座出口

丸ノ内線

有楽町
二丁目

マルイ

プランタン

銀座一丁目駅

6

銀座一

銀座
一丁目

新京橋

マリオン

銀座駅

煉瓦亭

5

銀座
二丁目

Vin de Rêve

銀座二

泰明小

モザイク
銀座阪急

数寄屋橋

B7

B6

銀座駅

松屋

銀座
三丁目

炸肉銀

銀座西五

B5

A9

銀座駅

銀座
三丁目

銀座ブロッサ

小島屋

A1

A2

銀座四駅

三越

A7

三河居

コア

銀座
四丁目

交詢ビル

銀座五

東銀座駅

宮筑

松坂屋

銀座
五丁目

歌舞伎座

銀座
出入口

築
一

冈半总店

銀座
七丁目

銀座六

銀座
六丁目

銀之塔

銀座
八丁目

銀座七

銀座東武
ホテル

南海ビル

ADK 松竹スクエア

銀座八

京橋築地

東劇

京橋築地

新橋

京橋局

泰銘軒

日本橋駅
東西線
C5

日本橋プラザ
B1
中央通り
日本橋二丁目
高島屋

日本橋三丁目

島
ブリチストン

京橋
一丁目
昭和通り

宝町
出入口

八丁堀
二丁目

宝町駅

都営浅草線
首都高速

八丁堀三丁目

宝町出口

銀座ラフィナート
京橋プラザ

八丁堀四丁目

新富
一丁目

新富
二丁目

新富町駅
1

中央区役所

築地
二丁目

総武本線
都営大江戸線

築地川公園

築地駅

築地
三丁目

茅場町
茅場町駅

日本橋茅場町
二丁目

霊岸橋

湊橋

首都高速

日本橋川

茅場町駅
3
1

亀島川

東西線
永代通り

日比谷線
新大橋通り

新亀島橋

霊岸島
牛幸总店

明正通り

新川一丁目

亀島橋

越前堀公園

明正小

新川

舒心
都営浅草線

人形町通り

大和
A3

日港横丁

人形町駅

人形町今半

半蔵門線
A1
日山

A2
甘酒横丁

小春軒

日本橋人形町
二丁目
新大橋通り

日本橋人形町
一丁目

日本橋小

水天宮前

水天宮

日比谷線

木天宮商店

日本橋蛎殻町
一丁目

人形町

浅草橋

都営浅草線

両国橋
両国橋西

東日本橋
二丁目

清杉通り

馬喰町駅

鳥安

日本橋
横山町

隅田川

馬喰横山駅

B1

佃年通り

日本橋中

東日本橋駅

東日本橋
一丁目

東日本橋

东日本桥

1:10,000

0   200米

地图上端为正北方向

11

普通的炸猪排是120克的量，而图片上这款220克的特制大猪排则是店铺里最著名的单品

炼瓦亭

炼瓦亭创立于明治28年（1895年），到了昭和7年（1932年），在店铺林立的银座，它已经成为首屈一指、远近闻名的西餐老店了。这里的就餐环境温馨舒适，就算是第一次光顾的客人也不会有任何拘束感。餐厅的待客之风自然而不刻意，且十分大方得体。二层大厅的落地窗让人眼前一亮，从这里望出去就是银座有名的煤气灯大街。无论是墙上的灯具、弯木工艺的座椅还是背景音乐里播放的摇摆爵士乐，到处都弥漫着甜美复古的昭和风情。开业至今，餐厅一向客人提供与体温接近的温食，在这样的环境中享受各色美食，一定会让你流连忘返。

明治32年（1899年），第一任主厨开创了招牌菜炸猪排，选用纤维细腻、脂肪含量适中的相模猪（产自神奈川县的著名猪肉），肉质脆爽，微甜的滋味留在唇齿之间。此外，还有炸肉饼，被捏成了树叶的形状，香甜松软的肉饼配上肉豆蔻，有一点儿蹿鼻子的香气，那味道真让人难忘。牛肉洋葱盖饭所用的蔬菜肉酱沙司需要用一周的时间才能制作完成，无论是闻起来还是吃起来，都让人有种温暖的怀旧感。点上一份可口的菜肴，让自己沉浸在氛围与美味的完美结合之中吧。

①牛肉洋葱盖饭。加入了少许番茄酱的蔬菜肉酱沙司，中和了过浓的口味。沙司于每周一开始采购、加工，直到周六才能制作完成。

②炸肉饼由猪肉和牛肉的混合肉馅制作而成，将其捏成树叶的形状主要是为了与炸猪排区分开。餐厅为了消除肉腥味而在肉馅里加入了肉豆蔻，特殊的香味也许就是意外的惊喜。③只选用甲州葡萄为原料的山梨县胜沼产的炼瓦亭自酿葡萄酒。④温暖而宁静的二层大厅。落地窗的对面就是煤气灯大街。

菜 单

炸猪排	1250日元		炖牛肉	2500日元
特制大块炸猪排	1900日元		奶油烤通心粉	1350日元
高级炸猪排	1450日元		牛肉洋葱盖饭	1400日元
炸猪大排	1650日元		清酒"菊正宗" 180毫升	600日元
炸肉饼	1200日元		炼瓦亭自酿葡萄酒（红、白）	
猪排蛋包饭	1600日元		180毫升700日元，半瓶1400日元	
炖牛舌	2400日元			

📞 03-3561-3882

🏠 中央区银座3-5-16

🚇 地铁银座站A9出口，步行五分钟 🕐 11:15—15:00（最后的点餐时间为14:15），16:40—21:00（最后的点餐时间为20:30），周六和节日的营业时间至20:45（最后的点餐时间为20:00）🈺 周日 🍴餐位 110位 包间 4间（三楼均为日式房间）吸烟 不可 预订 部分可预订（仅限非节假日日式包间的宴会聚餐。餐位费每人200日元）刷卡 不可

13

滚沸的热度和扑鼻的香气，这是店铺首推的人气冠军——混合炖菜

两道招牌菜走过半个世纪

银之塔

　　银之塔位于银座的一个不起眼的角落，一待就是半个多世纪，这里只做西式炖菜和奶油烤菜，这样一根筋的经营模式倒是吸引了不少艺人和文人的光顾，他们可都是银座的常客。煮得滚开的炖菜被放在砂锅里端上来，这种形式从开业后不久一直延续至今。最开始是因为久保田万太郎和舟桥圣一等文人希望给银座歌舞伎座剧场的演员们送去好味道的外卖料理，于是店主便想出了这个法子。

　　餐厅并没有刻意选用著名的牛肉做原料，而是在牛肉的处理手法上下足了功夫。从常年合作的店铺购买普通的牛肉（尽管普通，但是在那个级别里也算是最好的了），将所有的筋和肥油都去净，此时一定要有足够的耐心和细心。然后将处理好的肉放入浓郁的高汤中，与蔬菜、香料等一起慢炖五至六个小时，之后再将煮好的食材放入冰箱冷藏至少一个晚上，以便让肉充分入味。

　　混合炖菜是一道费时费力熬煮出的精品菜肴，更是厨师高超技艺的结晶。牛肉和牛舌在同一口锅里邂逅，入口即化、爽口弹牙的丰富口感不断刺激着你的味蕾，还有绵软的土豆、胡萝卜和微微带甜的洋葱，都让人欲罢不能。当将热乎乎的菜肴端上桌时，那香味最是诱人，吃下一口后，那香味便仿佛瞬间沁入了脏腑，真是非常美味，让人难忘。

西式炖菜和奶油烤菜，
热乎乎的料理守住了老铺的金字招牌

①小心不要烫到舌头。滚烫的奶油烤菜中加入了大虾、香菇和洋葱。②将煮高汤用的肉、四五种香味不同的蔬菜及各种香料一股脑儿地加入容量为36升的桶形大锅中，与牛肉、牛舌一起炖煮。③一层别致的餐桌座席，是由当铺的仓库改造而成的。注意看那扇坚固的铁门。④一层的榻榻米加座区域没有什么特别的装饰，但却让人感觉清雅别致。⑤店铺礼盒里配有招牌蔬菜肉酱沙司，这在夏天是买不到的。

菜 单

西式炖菜
　混合、牛肉、蔬菜⋯⋯⋯⋯ 各2500日元
大份炖菜⋯⋯⋯⋯⋯⋯⋯⋯⋯⋯⋯ 2800日元
迷你组合（炖菜＆烤菜）⋯⋯⋯ 3700日元
* 换成牛舌炖菜各增加1000日元
奶油烤菜⋯⋯⋯⋯⋯⋯⋯⋯⋯⋯⋯ 1800日元
* 每种主菜都配有腌萝卜干、煮海藻、煮紫萁、腌菜、米饭

礼品套装（混合炖菜两人份）⋯ 5000日元
清酒"菊正宗"　180毫升⋯⋯⋯ 600日元
清酒"菊正宗"生贮藏酒　300毫升
　⋯⋯⋯⋯⋯⋯⋯⋯⋯⋯⋯⋯⋯⋯⋯ 700日元
葡萄酒（红、白）⋯⋯⋯⋯ 一杯500日元，
　　　　　　　　　　　　 整瓶3000日元
啤酒　中瓶⋯⋯⋯⋯⋯⋯⋯⋯⋯⋯ 600日元

📠 03-3541-6395
🏠 中央区银座4-13-6
🚇 地铁东银座站5出口，步行一分钟
🕐 11:30—21:00（最后的点餐时间为20:30）
🚫 无休
餐位 75位 包间 1间（5个餐位）吸烟 可以（11:30—15:00禁烟）
预订 可以 刷卡 不可

招牌烤马肉。特选五花肉(左)和特选马肋肉(中)，蔬菜搭配的是洋葱和韭菜

日本屈指可数的马肉烧烤专营店

小岛屋

　　含有大量肝糖的马肉清淡味甘，是难得的高蛋白、低热量、低脂肪的食材。另外，将马的油脂经过提炼制作而成的马油对滋润肌肤和应对各种皮肤问题都有不错的疗效。说起来，马肉真是内外兼修的健康食品啊。店主兼主厨三国秀明风趣地说："自从开始鼓捣马肉，我这皮肤真是越发地光滑、水润啦！"三国秀明最关注肉的新鲜度，因此餐厅每天都会从熊本县的食用马专用牧场空运最新鲜、最地道的食材。在小岛屋，你将有机会第一时间享用最高级的马肉料理。马肉最让人头疼的事是容易氧化，所以上桌后要立刻开吃，这才是最内行的食客哦！

　　餐厅的招牌菜烤马肉，每一片都是用心烤制而成的。将肉的一面烤得微焦，而另一面则只是用火轻燎一下，那绝妙的口感只有吃过的人才知道。特选的五花肉虽然口味清淡，但却回味无穷，特选的马肋肉带有一些油脂，口味香浓，口感嫩滑。马肉刺身与富含胶原质的马鬃部位一起食用，这种吃法你试过吗？无论是烤肉还是刺身，那变化万千的美好滋味都会经过口腔和喉咙，直击你的内心。

16

熊本牧场直送的最上等的马肉,
让我们有机会品尝到鲜美至上的马肉烧烤

①马肉非常新鲜,生吃都没有问题。店员在炉和火之间又加了一层烤网,用很弱的火慢慢烤制马肉。②圆盘子里盛的是马肉刺身,前面是五花肉,后面是瘦肉。方盘子里盛的是口感微甜,嚼起来嘎吱嘎吱响的上等马肝刺身。③本店特制的清炖马杂碎汤,味道很浓郁。

④从左起分别是三国秀明先生、他的夫人真弓女士和店员锹天龙志。他们是来自熊本的同乡。⑤店内灯光微暗,就像是一间精致的酒吧。内侧还有包间和榻榻米加座。

菜　单

特选马肋肉、高级内脏⋯⋯⋯各1890日元	清炖马杂碎汤⋯⋯⋯⋯⋯⋯1050日元
高级马肋肉⋯⋯⋯⋯⋯⋯⋯⋯1580日元	马肉纳豆⋯⋯⋯⋯⋯⋯⋯⋯⋯840日元
特选五花肉、特级马舌⋯⋯⋯各2310日元	马肉乌冬面⋯⋯⋯⋯⋯⋯⋯⋯800日元
高级五花肉⋯⋯⋯⋯⋯⋯⋯⋯1980日元	马肉汤⋯⋯⋯⋯⋯⋯⋯⋯⋯⋯420日元
马肉刺身⋯⋯⋯⋯⋯⋯⋯⋯⋯2100日元	清酒"瑞鹰"纯米　180毫升⋯⋯650日元
特级马肝刺身⋯⋯⋯⋯⋯⋯⋯1600日元	米烧酒"樽织月"　一杯⋯⋯⋯600日元
马鬃部位(刺身)⋯⋯⋯⋯⋯1050日元	生啤　一杯⋯⋯⋯⋯⋯⋯⋯⋯680日元

☎03-3569-2911
住 中央区银座5-4-15 银座艾芙罗蕾大厦5号二层
交 地铁银座站B7出口,步行两分钟
营 17:30—24:00(最后的点餐时间为23:30)
休 周日、节日
餐位 34位 包间 1间(4个餐位) 吸烟 可以
预订 可以 刷卡 可以

特选西式炖牛肉，将大块的黑毛和牛的肋条肉一分为四，配菜是里昂土豆等

扎根于银座的纯正西餐厅

三河屋

　　帝国饭店、筑地精养轩和横滨新格兰酒店并称为日本三大西餐店。三河屋的创始人曾在横滨新格兰酒店学习，并于昭和23年（1948年）在银座创店。在这个全日本最繁华的街区，三河屋是一家极具代表性的西餐名店，多年来光顾此地的客人对餐厅的喜爱一如既往。厨师长这样对我们说："西餐在日本首先要考虑的是和米饭搭配。尽管都叫西餐，既然开在银座，那就必须要做出银座独一无二的菜肴，在选材和制作工艺上都要精益求精。换言之，能够懂得欣赏这种食材和工艺的也只有银座的客人了。"

　　有人说这里的西餐和法餐之间好像没有什么明显的界限。如此说来，像里昂土豆或波兰菜花这类用来体现变化的应季菜肴，不正是连接西餐与法餐的纽带吗？

　　银座的空气孕育出银座的西餐，还有令人憧憬的法式风情，今晚你打算吃点儿什么呢？

生于银座的时尚西餐厅，带你轻松穿越西餐与法餐的边界线

①

①牛肉洋葱盖饭配上自制的蔬菜肉酱沙司，黑毛和牛肋条肉的分量绝对厚道。②用饱满的帝王蟹肉配上清甜的洋葱和贝夏美白沙司制作出来的美味帝王蟹蟹肉可乐饼搭配塔塔酱，味道很赞。③自创的三河屋葡萄酒，用来制作干红和干白的葡萄都产自法国的勃艮第产区。

②

③

④

⑤

④餐厅的装修以白色和棕色为主基调，房顶装饰了欧洲新艺术派风格的吊灯，优雅温馨。⑤从大厅一直往里走，就可以看到葡萄酒窖了。

菜 单

特选西式炖黑毛和牛	4950日元	本日精选套餐	5800日元
西式炖黑毛和牛牛舌	5250日元	全套晚餐	10500日元
炸小牛排	2950日元	麦烧酒　一杯	850日元
炸牛排	4000日元	三河屋葡萄酒（红、白）… 一杯900日元，
牛肉洋葱盖饭	2450日元		半瓶4200日元，整瓶8400日元
帝王蟹蟹肉可乐饼	2750日元	啤酒　中瓶	850日元
特选海鲜沙拉	5050日元		

📞 03-3574-8075

🏠 中央区银座5-7-12新美尔莎七层

🚇 地铁银座站A2出口，步行两分钟

🕐 11:30—22:00（最后的点餐时间为21:00）

休 无休

餐位 50位 包间 无 吸烟 可以（有无烟餐位）

预订 可以 刷卡 可以

19

精选宫崎牛肉铁板烧套餐里的特选牛上脑，选用的是 A5 级的外脊(图片里的肉是 600 克的量，可供三四个人食用

正宗无公害喂养的顶级宫崎牛肉

宫筑

　　宫崎县的畜产公司宫筑成立于平成16年（2004年），公司的前身是地方公社，社长担任 JA 宫崎经济联合会的会长。公司搜罗了以宫崎牛肉为代表的本地烧酒、蔬菜和调味料等，连装修都大量使用了宫崎特产的沃肥杉。简单来说，这里就是一家想把整个宫崎县都推销出去的大直营店。

　　将宫筑开在银座最中心的位置大概也是出于这个目的，因此餐厅对食材的精挑细选绝对非同一般。

　　店内所用的肉全部只挑选顶级的宫崎黑毛和牛，在将其冰鲜运输至东京营业部后，还会将其放入冰箱，经过低温排酸后，再在最佳食用期取出。看一下上面的图片就知道这里的肉到底有多棒了。另外，宫崎特产的青色圆茄等蔬菜以及蘑菇都是由产地直送过来的，不仅种类丰富，而且非常新鲜。蘸料用的盐选用的是由宫崎县北浦町加工的锅焙天热盐和同县产的竹炭盐。连传统的酸橙酱油都是以特产的柚子醋为主料制作而成的。

　　在宫筑，我们能够有机会在铁板烧和涮锅里细细品味那些用优质食材制作出的应季美味，你还在等什么呢？

无论是牛肉、蔬菜还是调味料，全部用的是宫崎县出产的应季食材

①宫崎牛肉涮锅套餐中所使用的特选宫崎牛上脑（图片中的肉为一人份的量），蔬菜都是根据季节来搭配的。②牛排所搭配的各种蘸料。内侧的碟子里从右边开始分别是酱油、芥末和柚子胡椒、酸橙酱油，而前面的小碟中放在右边的是竹炭盐，放在左边的是天然盐。③店内有三个房间用来制作铁板烧，客人可以近距离感受制作宫崎牛排的全过程。④说到宫崎县，肯定少不了烧酒。图片从左边开始分别是庄三郎、山猫、爆弹HANATARE、百年孤独和日向木挽古秘。

菜单

精选宫崎牛肉铁板烧套餐
···················特选牛上脑 12000 日元
···················特选牛里脊 14000 日元
宫崎牛肉涮锅套餐
···················宫崎牛肉 10000 日元
···················特选宫崎牛肉 12000 日元
女士牛排午餐 ······················· 4000 日元

宫崎牛排午餐
··········牛上脑 6000 日元，牛里脊 7000 日元
清酒 "我乐" 纯米　180 毫升 ······ 1000 日元
烧酒　一杯 ························· 800 日元起
葡萄酒 ······ 一杯 800 日元，半瓶 4000 日元起
啤酒　小瓶 ························· 700 日元
* 仅在晚间收取 10% 的服务费

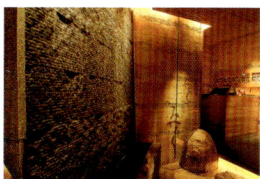

☎ TEL 03-5568-2917
住 中央区银座 6-9-3 不二家银座大楼三层
交 地铁银座站 A1 或 A2 出口，步行两分钟
营 11:00—15:00（最后的点餐时间为 14:00），17:00—22:00
休 不定休
餐位 53 位　包间 1 间（7 个餐位）　吸烟 可以（铁板烧区域禁烟）
预订 可以（有限制）　刷卡 可以

特选牛肉寿喜烧的食材已准备就绪，肉是两人份的量（内侧的是牛眼肉，外侧的是牛外脊肉）

经营松阪牛肉长达半个多世纪

冈半总店

　　冈半总店是高级日料店"金田中"的姐妹店。多年前，作家吉川英治与餐厅的创始人冈副家临别时曾说"冈副的家业这才刚做到一半呢"，于是老板就取了其中的"冈半"二字作为餐厅的名号。店内七层是六个榻榻米包间，八层是以烧烤台为中心的餐椅位。以寿喜烧（日式肉锅料理）和涮锅等锅料理为主题的七层用的是松阪牛肉，而以铁板烧和炭烤为主的八层则选用了松阪牛肉和宫崎县的小山牛肉。招牌菜寿喜烧会先将牛肉在锅里煎制，这是关西特色做法，在东京很难得见，一般先由老板娘来操作，之后会有技术熟练的女招待全程为客人提供服务。

　　为了提升口感，餐厅采用全手工的方式来切肉。先将锅烧热涂上牛奶中的油脂，当锅边上的葱开始嘶嘶作响时就可以下肉了，同时要撒上适量的砂糖和生抽酱油。接下来在肉的周围加入海带高汤起旺火，在火候最佳时将肉取出。每个步骤看似随意，但烹调的时间和调料的使用却都相当精准，从加砂糖到取肉只有短短数秒。不同的肉在口感上会略有差别，牛眼肉更加多汁细腻一些，而外脊肉则更加柔软鲜甜。另外，用肉汁烧过的配菜味道也毫不逊色，无论是下酒还是配饭，都让人欲罢不能。

当着客人面制作的寿喜烧，每一道工序都必须全神贯注，不能含糊

①撒上砂糖是为了吊出肉的鲜味（制作寿喜烧的必要步骤）。为了不使汤汁混浊，这里特别选用了超细砂糖。②用面包代替碟子来盛烤好的特选松阪牛肉薄片（将牛眼肉切成薄片在铁板上烤制，再卷上香葱食用，照片近处），还有同为铁板烤制的大虾（远左）和活鲍鱼（远右）。③七层的日式包间"桔梗"，能容纳两三位客人同时用餐。④八层的烧烤台座席大约能容纳15位客人。铁板烧和炭烤烤的烤台是一个长条形的台面。

菜 单

松阪牛肉 特选牛肉寿喜烧 …16800日元	薄烤牛肉（午餐） …1500日元
松阪牛肉 煎烤特选牛肉 …17850日元	冈半特选烧烤（午餐） …2800日元
松阪牛肉刺身…3675日元	清酒"八海山" 德利壶 …1155日元
精选松阪牛肉薄片烧烤 120克…9450日元	烧酒"吉四六" 片口小碗 …630日元
烤活鲍鱼…4200日元	特供葡萄酒 整瓶 …5250日元起
烤活大虾…2625日元	啤酒 中瓶 …840日元
寿喜烧盖饭（仅限午餐）…1200日元	* 包含10%的服务费

03-3571-1417

住 中央区银座7-6-16 银座金田中大楼七至八层

交 地铁银座站B5或B6出口、新桥站3号出口，分别步行六分钟 营 11:30—14:00（最后的点餐时间为13:30），17:30—22:00（最后的点餐时间为21:30）休 周日、节日 餐位 67位 包间 七层有6间（31个餐位，有餐位费）、八层有1间（9个餐位，没有餐位费）吸烟 可以 预订 可以 刷卡 可以（限晚餐时段）

23

用秋田产的猪大排制作而成的烤肉，搭配生姜红酒酱，选配的红酒是热夫雷—香贝丹

迷醉的葡萄酒与法式情怀

Vin de Rêve

素雅的装修带给客人肌肤般的温暖感受，大大的弧形吧台和松软的座椅也都非常贴心、舒适。老板中野日出男是一位深度葡萄酒爱好者，平成18年（2006年），他邀请到青年才俊、法餐主厨山本英司，与其一起合开了这家餐厅。

除了中野日出男自己最喜欢的勃艮第产干红，餐厅所提供的其他葡萄酒基本上也都是产自法国的，常备的酒品通常能达到150～200种，储备量在300瓶以上。就算只点一杯酒，餐厅也会为了满足客人的要求而打开一整瓶葡萄酒。当然，酒的口味也绝对不会让客人失望。

在菜品方面，无论是味道还是工艺，都追求个性。烤猪肉的工序相当讲究，回温15分钟，烤制20分钟，再静置15分钟，使其慢慢成熟。入口之后，那喷香回甘的滋味会丝丝侵入你的味蕾，直击内心。小羊肉的口感嫩滑弹牙，制作时先要在烤箱中慢烤，然后静置熟化，最后再将其放在蔬菜上蒸制。而烤鸭子则更像是一道野味料理，鸭肉浓缩的鲜香让人回味无穷。

老板爱酒，主厨善烹，他们将热情倾注于店铺的美食中。美酒与佳肴，就像是一场两人三脚的游戏，又像是一加一大于二的效应。期待他们的梦想（法语是Rêve）能够开出更加绚丽的花朵。

①蒸烤小羊背肉(照片里是两条)和蔬菜蘑菇，选配的红酒是 Côtes du Rhône=Sotanum。②烤法国血鸭配鹅肝，选配的红酒是香波—慕西尼。

③蔬菜冻，中间是猪小里脊肉，用火腿高汤凝固而成。蔬菜会选择应季的品种。选配的酒是波梅干白葡萄酒。④老板中野日出男(左)和主厨山本英司(右)。⑤对着窗户的是吧台，墙那边的是餐桌。在优美的环境中，无论是饮酒还是用餐，都很不错。

菜 单

蔬菜冻·····························1400日元
土豆丝饼底比萨配、用秋田猪肉制作而成
的生火腿···························各900日元
烤秋田猪大排配生姜红酒酱·····2500日元
蒸烤小羊背肉和蔬菜蘑菇
·······················两条2100日元，四条3400日元

烤法国血鸭配鹅肝(两至三人份)
································4200日元
意式扇贝烩饭 香醋风味·······1500日元
葡萄酒 ···一杯(每日推荐)约1500日元，
································整瓶4000日元起
啤酒·····························700日元起

☎ TEL 03-3563-6040
🏠 中央区银座1-20-1大基德银座一层
🚇 地铁银座一丁目站10号出口，或者宝町站A1出口，步行五分钟
🕐 18:00一次日2:00(周一～周四的最后点餐时间为23:30，周五、周六的最后点餐时间为次日1:00)
🈺 周日，节日期间为周一休
餐位20位 包间 无 吸烟不可 预订可以 刷卡可以

使用特级猪大排（160克）制作出的炸猪排，在撒上天然海藻盐之后食用，会有一种上等的甘香

小锅猪排饭的信心推荐

炸肉银

　　炸肉银的老板铃木祥司出生于昭和25年（1950年），是地地道道的东京人。他在学生时代就下定决心"将来要开一家炸猪排店"，因为童年时的他觉得炸猪排就是这个世界上自己最想吃到的美味佳肴。在猪排名店"炸肉吉"里艰苦学徒多年之后，铃木终于在银座的一角风风光光地开起了自己的餐厅。他始终坚守一个原则：向客人提供"自己想吃的东西"。点餐后经由厨师手工制作，且在油炸或煎烤后第一时间端上餐桌的菜肴香喷喷、热乎乎的，这就是铃木最想吃的。他告诉我们："就算六个客人各自点了不同的菜，也要精准地计算烹调的时间，将六份菜品同时上桌，这就是我们的服务。"

　　色泽和口味都很清爽的面糊，搭配清淡回甘的脂香，这是上等的特级炸猪大排所独有的美味。精选的猪大排经过炸制之后酥软爽口，而制作成类似柳川锅（一种日本传统的泥鳅牛蒡炖锅）的猪排盖饭，也绝对是一道色、香、味、形、器俱全的佳品，男女老少见到它都会两眼放光，然后狼吞虎咽地将其吃个精光。炸肉银的老板拥有对美食的热爱与执念，他在挑选肉品时也不拘泥于某一个品牌，而是用心为客人选择品质最好的肉。正因为如此，客人才能吃到这些不可多得的美味。

无论是油炸还是煎烤，食材都是新鲜出锅的，保证满足客人的不同需求

①使用柳川锅特制的猪排盖饭，是色、香、味、形、器的完美组合，值得好好品味。②姜汁煎猪大排香糯润口，很适合搭配清酒食用，也有定食可选。③将粉色的瘦肉与白色的脂肪完美地组合在一起的岩中猪大排。④墙上挂的匾额出自日本版画大家栋方志功之手。⑤在餐厅的中央摆放着一张大圆桌，四周都是用整张松木做成的方形餐桌。餐厅的内部装修与"炸肉吉"的风格相近。

菜 单

炸小里脊猪排盖饭定食	1575日元	炸猪大排	1050日元
特制炸猪排盖饭定食	1470日元	特选炸小里脊猪排	2205日元
炸猪排盖饭定食	1260日元	炸小里脊猪排	1155日元
* 以上三种菜品都可以做成柳川锅的形式		炸牡蛎（10月一次年3月）	1680日元
炸猪大排定食	1995日元	里脊肉冻	420日元
姜汁煎大排定食	1260日元	清酒"贺茂鹤"特撰　180毫升	735日元
特选炸猪大排	1995日元	啤酒　大瓶	735日元

☎ 03-3543-2485
住 中央区银座2-14-5 第27中央大厦地下一层
交 地铁新富町站1号出口，步行五分钟
营 11:00—14:30, 17:00—21:30 *周六的营业时间为11:00—14:00
休 周日、节日
餐位 60位 包间 无 吸烟 可以 预订 晚间可以 刷卡 可以

烤鸡串全品套餐，九种烤串外加脆黄瓜、有机无公害蔬菜和特制鸡汤

甄选的鸡肉得到了食客们的认可

伊势广京桥总店

　　大正10年（1921年），上上代的店主夫妇从位于日本桥蛎壳町的伊势广独立出来，和总店一样销售鸡肉，后来他们将店铺改成了专营鸡肉串的餐厅。经过几十年的经营一直到现在，餐厅始终坚持对鸡肉质量的严格把关和控制。遇到满意的鸡就会整只采购回来，如此一来，在烤鸡串全品套餐中，客人便能够品尝到用不同部位制作出来的串烧，从而体验各种不同的口感与滋味了。上图前面的中间部位是白鸡胸肉，逆时针方向分别是鸡肝、鸡胗、鸡肉大葱卷、鸡肉丸、鸡皮+鸡肉、鸡腿肉、杂交鸭、鸡翅。

　　用备长炭猛火近烤，将食物的表面瞬间烤熟，这样一来，原本个头很大的烤鸡串便会被烤得喷香，最重要的是通过这种方法，可以很好地封住食物的汤汁和鲜味，一口咬下去，汁水四溢，唇齿留香。在最受欢迎的丸子烤串里并没有加入淀粉、蛋清之类的黏合剂，而只是将鸡肉馅和盐混合成团，因而鲜美多汁。来到伊势广，你一定要尝尝这里的厨师用独门绝技所制作出的美味。

　　餐厅使用的盐是产自静冈县的海盐，因为盐结晶之后成片状，所以将其薄薄地铺在食材的表面会很漂亮。此外，由于这里的主菜都是肉类，蔬菜很少，因此餐厅特意在品尝套餐的间隙，为食客们提供了七种有机的、无公害的嫩叶菜，非常贴心。

28

坚持当天采购，当天加工，新鲜的食材经过厨师的妙手，变成了花样串烧

①超人气烤串盖饭，五大串儿烧烤的豪华阵容非常厚道。好吃且量大，绝对是附近上班族的最爱。②套餐最后的小食——特制鸡汤泡饭（左）和樱花冰激凌（右）。③主厨专心致志地忙碌在老店的烧烤台边儿。加上新店那边儿，一共有三个烤台，多的时候每天要做2200串儿烤串。④老店的一层，围着烧烤台的是吧台。

菜 单 ≈≈≈≈≈≈≈≈≈≈≈≈≈

烤串全品套餐（12道）·········· 6300日元	* 盖饭、定食只在午餐时提供
烤串7串儿套餐（10道）········· 4725日元	特制鸡汤泡饭·················· 630日元
烤串低脂套餐（12道）········· 4725日元	樱花冰激凌·················· 525日元
* 想要品尝烤串低脂套餐的话需要提前预约	清酒"吉乃川"特撰 180毫升 840日元
烤串盖饭··············· 4串儿1500日元，	芋烧酒"岩泉" 德利壶 2100日元
5串儿1800日元	特供葡萄酒（红、白） 分酒器装···1575日元
烤串定食·········· 5串儿定食1800日元起	啤酒 大瓶 840日元

☎ 03-3281-5864

🏠 中央区京桥1-5-4
🚇 地铁京桥站7号出口，步行三分钟
🕐 11:30—14:00（最后的点餐时间为13:40），16:30—21:00（最后的点餐时间为20:40）📅 周日、节日
🍴餐位 中午40位（老店），晚上80位（老店、新店）📦包间 1间（12个餐位）🚬吸烟 可以（有无烟区）📝预订 可以 💳刷卡 可以

将厚度为3厘米的牛肋肉慢炖，制成西式炖牛肉，配菜的颜色很漂亮

西餐配米饭才是王道

泰铭轩

　　店铺的一层供应西式简餐，除了1月1日、1月2日，这里天天营业。本书主要介绍位于二层的餐厅。宽大的房梁、砖砌的大柱，还有古典的三头吊灯，横木上挂了天平、木勺、炒锅等作为装饰，在沉稳端庄的英式装修中加入了一些拉丁风格，这里是一家高雅、舒适的西式正餐厅。泰铭轩于昭和6年（1931年）在中央区新川创店，后来店铺搬到了日本桥一带，现在的这栋小楼是于昭和47年（1972年）建成的。

　　"因为拥有过去，所以才要守住往昔的味道。这是我们不变的宗旨。我们始终抱有一种追求更高美味的态度，但是泰铭轩的味道是不会改变的。"第三代店主茂出木浩司也是一位性情中人，他的话向我们传达出一个信息：传统的味道可以更有深度，但是绝对不能改变。

　　西式炖牛肉被装在一个用来盛西班牙烩饭的带手柄的小锅里，在纯白色的碟子里，肉末煎蛋卷静静地躺在月牙形的蔬菜肉酱沙司中，也算是味道之外的小惊喜吧。餐厅提供的任意一道主菜都是米饭之友，客人来此就餐，不仅能够吃得顺口顺心，更能吃得优雅时尚。

唤醒你的一片『吃心』，
设计款美食悉数登场

①肉末煎蛋卷被放在了碟子的中间，看上去就像是在对你微笑一般。红色的可食用的玫瑰是点睛之笔。②炸牛肉饼配了菜丝沙拉、番茄意面和欧芹，如此可爱的摆盘足以让它获得人气单品的殊荣。③由泰铭轩自创的甲州上等干白、胜沼干红和泰铭轩烧酒。④棕黑色的宽大房梁、深紫色的地毯，二层的装修风格沉稳而典雅。

①
②

③

④

菜　单

炖牛肉、炖牛舌、炖牛尾……各3200日元	西式小碟午餐（限中午）………3000日元
炸牛肉饼、汉堡肉饼、嫩煎猪肉、炸猪排	清酒『贺茂鹤』180毫升……800日元
…………………………………各2400日元	烧酒＆葡萄酒（葡萄酒半瓶）
肉末煎蛋卷……………………2200日元	泰铭轩烧酒 720毫升……2700日元
火腿（或蔬菜、原味）煎蛋卷…各1700日元	胜沼干红……………………2800日元
整套西式正餐………5000日元，9000日元	甲州上等干白………………2200日元

📱 03-3271-2465

🏠 中央区日本桥1-12-10

🚇 地铁日本桥站C5出口，步行两分钟

🕐 二层的营业时间为11:00—15:00（最后的点餐时间为14:00），17:00—21:00（最后的点餐时间为20:00）🛑 二层餐厅周日、节日休 餐位 二层餐厅 70位 包间 三层、四层有6间，每间80个餐位，10人以上就餐需要预订 吸烟 二层可以（有无烟区）预订 二层可以 刷卡 二层可以

31

用牛上脑制作出的牛排（照片所示为200克的分量），牛肉是由京都府和知町的牧场直送的极品肉

隐于闹市地下的名店

岛

　　店主大岛学最初曾在京都的都酒店学习烹调，之后又主修了法式料理，在世界各地学习并积累经验，到了平成5年（1993年），他才自己开店。无论是建筑装修还是店内的氛围，都完美地移植了巴黎小餐馆的精致与浪漫。白色墙壁、杉木地板和吧台都透着清新的味道。椅子还有餐桌之间的距离很近，好像连客人间的悄悄话都能听得到。餐厅从老板到员工都是清一色的男生，他们不仅服务周到，而且干起活来还相当利索，让客人心情大好。

　　大岛学用牛上脑制作牛排。先取整块上脑，细致地将周围全部剔除，只留取最中心的部分，再撒上胡椒和盐，用双手为肉整形，这样的手法看起来就像是在抚摩婴儿一般。将经过按摩的肉用一根像击剑一样长的铁签插起来，挂在店主自己设计、定制的烤炉上，下面点起备长炭，烤制20分钟左右。

　　无论是前菜还是主菜，大岛学在烹调每一道菜时都显得专心致志，实在令人佩服。

極品上腦牛排,
源自于温柔、細致的按摩

①前菜是自制的法式鵝肝批。牛舌、牛筋肉凍(中左)和鵝肝批(中右)搭配果凍状的肉汤和蔬菜。②先腌再煎,最后慢炖,用牛肋条肉制作而成的西式炖牛肉,足足要花上一整天的时间才能够制作完成。

③在正对着吧台的厨房里,大岛学正在全神贯注地处理牛排。听说他烹调野味也很拿手。④店内的装修简洁大气,店主亲手插的应季鲜花是最自然的装点。

菜 单

上腦牛排 150克	13000日元		清酒"剑菱鄙愿"大吟酿 德利壶	
扒牛里脊 150克	10000日元			2500日元
当日鲜鱼料理	5500日元		烧酒"樱田门" 720毫升	10000日元
西式炖牛肉	时价		葡萄酒 整瓶	干红9500日元起
自制鵝肝批	3800日元			干白6000日元起
牛肉刺身	4200日元		啤酒 小瓶	630日元
午餐套餐	6000日元,10000日元		* 服务费10%	
晚餐套餐	16000日元			

☎ 03-3271-7889
🏠 中央区日本桥3-5-12日本桥MM大厦地下一层
🚇 地铁日本桥站B1出口,步行七分钟
🕐 12:00—13:30,17:30—21:00
📅 周日
餐位 18位 包间 无 吸烟 可以(吧台区域禁烟)
预订 可以 刷卡 可以

Q烤涮四周涮的是蘑菇等配菜，中间烤的雪花牛眼肉才是大主角

丰富的牛肉佳肴

牛幸总店

  牛幸的老板始终坚信"牛肉的好坏取决于养牛人和牛的生长环境"，因此他不会纠结于某一品牌，而是以苛刻的标准挑选最好的黑毛和牛。货单上写的是"当日黑毛和牛"，同时会将育种农户、饲养农户的地址、姓名，还有牛的出生日期、品种、个体识别编号等信息详细地记录下来。餐厅有四层，面积不小，但是每天的预订几乎都是满的。一层和四层是餐桌位，二层和三层是普通包间和日式包间。

  颇具特色的Q烤涮无论是食材还是料理器具，都非常讲究，深受食客的喜爱。方形铁锅中间凸出的部分可以用来制作烤肉，析出的油脂会顺着导流槽流进涮锅里，涮锅中还加入了西红柿、裙带菜、泡菜和豆角等牛幸特有的涮锅配菜。还有一道陶板土火烧，其实就是使用成吉思汗锅，往锅顶上放一只类似海碗的小锅，里面是用自制味噌高汤炖煮的牛肉，下面的锅用来烤肉、盛韭菜和豆芽，再蘸着高汤风味的酱汁来吃。对于那些什么都想尝尝的"贪心"食客来说，这两款菜品都是不错的选择。

创意十足的招牌料理，让你乐享双重美味

①左边内侧的上、下两只锅能同时制作烤肉和味噌风味的牛肉锅，这就是牛幸的招牌菜陶板土火烧套餐（照片所示为两人份的量）。②Q烤涮选用的是黑毛和牛眼肉，在涮菜中加入了泡菜，这是本店的独门做法（照片所示为两人份的量）。③本店特供的牛幸葡萄酒（干红整瓶出售）。④一层大厅的餐桌位。在白墙上加入了一圈日式棕色模板作为装饰，欧式彩绘的玻璃吊灯垂了下来。日西合璧，倒也顺眼。⑤二层的房间"春"是私密性极好的日式包间。

菜单

黑毛和牛聚会套餐（午餐）
　Q烤涮、涮锅、寿喜烧 …… 各3670日元
黑毛和牛（晚餐）
　Q烤涮、涮锅、寿喜烧、陶板土火烧
　………………………… 各3780日元
　架烤牛排 ………………… 5570日元
盐渍牛舌 ………………………… 630日元
凉拌火燎生牛肉 ………………… 1050日元

清酒"船中八策"纯米　360毫升
　………………………………… 1680日元
清酒"黑龙"纯米吟酿　360毫升
　………………………………… 1890日元
牛幸葡萄酒　干红一瓶 ………… 2520日元
啤酒　中瓶 ……………………… 680日元
* 服务费10%（四层不收服务费）

☎ 03-3551-8980
🏠 中央区新川1-9-8
🚇 地铁茅场町站3号出口，步行五分钟
🕐 11:30—14:30（最后的点餐时间为13:30），17:00—22:00（最后的点餐时间为21:30）　🈺 周日、节日及每月的第二个周六　餐位 110位　包间 9间（72个餐位）　吸烟 可以　预订 可以　刷卡 不可

35

由第一代店主推出的小春轩独家猪排盖浇饭，曾经有很长一段时间停售了，现在由第三代、第四代继承人共同完成了这道经典菜肴的复制

不忘初心的口味传承

小春轩

　　创始人小岛种三郎最早是筑地精养轩的见习厨师，明治45年（1912年），他借着结婚成家的机会自己创业开了餐厅，并将自己名字中的"小"字和妻子名字中的"春"字相结合，给餐厅取名为小春轩，这些都写在餐厅右手墙上的小春轩历史里。正如这些温暖人心的语句，餐厅里总是洋溢着食客们的欢声笑语。

　　就像店铺的座右铭里所说的"做出平易近人的美味"那般，如今第二代继承人小岛干男和他的儿子——第四代继承人小岛祐二始终不忘初心，坚持烹调百姓的味道。店铺的招牌菜猪排盖浇饭，也是由二人合力完成的。

　　小岛干男负责将蔬菜和炸猪排（一人份里有六块一口大小的炸猪排）分别用蔬菜肉酱沙司煮一下，然后将炸猪排放在米饭上。接下来小岛祐二会将一个半熟的煎蛋盖在上面。煎鸡蛋的火候和放入碗中的时机都不容易掌握。善始善终，最后再铺上蔬菜便大功告成了。不知道是不是在传达第一代店主的心意，猪排饭的味道特别温润，沁人心脾。

菜品的设计及口味都颇为用心的知名猪排饭，绝对可以惊艳你的眼球和舌尖

①在松软、厚实的炸猪肉饼中加入生洋葱碎和起黏合作用的土豆泥之后，更能衬托出肉质的鲜美。②嫩煎猪排，有两大片，汤汁浓郁，回味却很清爽。③各自认真地做好自己所负责的部分，父子二人协力制作一碗经典的猪排盖饭。④三代继承人（右）和四代继承人在餐厅怀旧设计的暖帘前合影。⑤餐厅用心营造出了大正时代的复古风情，让客人能够在舒适的环境中享用美食。

菜 单

炸猪排盖饭	1200日元	可乐饼 一个	150日元
咖喱猪排饭	850日元	清酒"泽乃鹤"一温瓶	400日元
嫩煎猪排盖饭、特制什锦饭	各1300日元	清酒"泽乃鹤"冷酒 300毫升	600日元
炸猪肉饼盖饭	750日元	葡萄酒"乐蓬马歇干红"一瓶	
黄油煎剑鱼盖饭	800日元		1200日元
牛排、炖牛肉	各1500日元	啤酒 大瓶	600日元

☎ 03-3661-8830

🏠 中央区日本桥人形町1-7-9

🚇 地铁人形町站A2出口，步行一分钟

🕐 11:00—14:00, 17:00—20:00（最后的点餐时间为19:50）

休 周日、节日（周六不定休）

餐位 20位 包间 无 吸烟 可以（午餐时段禁烟）

预订 不可 刷卡 不可

寿喜烧"松"套餐。牛眼肉一人份是175克的量（图片上的肉和配菜都是双人份的），满足感十足

只有批发商才有的新鲜美味和实惠的价格

日山

　　昭和2年（1927年），日山开始经营肉食批发与零售，直到昭和10年（1935年）才在当地开起了寿喜烧餐厅。这座古色古香的小楼最早建于大正末年，后来经过各种添置、更新，才扩建成了现在的样子。餐厅里有很多高低不一致的地方，每间单间里都设有壁龛，有点儿像早年间的日式旅馆。能在这座略感残破的老房子里享用一顿美味的寿喜烧，也算是一种特别的体验吧。

　　同一家企业下属的日山畜产是肉类的中间批发商，餐厅所使用的肉类食材全都是从这家公司直接进货的，可以说餐厅就相当了一家肉类自营店。

　　"所以嘛，一般这个价格怎么可能吃到这么好的肉呢？"厨师长小林浩卖力地为餐厅做着宣传。寿喜烧"松"套餐选用牛眼肉做原料，其肉质厚实、弹软，且入口即化。配菜则避开了常规的白菜、茼蒿等，而选用了洋葱、豌豆之类含水量低的蔬菜，到了秋天，还会再加入松茸。既然要搭配上等的牛肉，那么无论是鸡蛋、蔬菜还是海鲜，就都得选择精品。

好酒配好肉，好肉配好菜，认真到极致，只因为对美食的执着

①牛肉佃煮（左）和牛肉刺身（中），再配上一杯餐厅自制的杨梅酒，后面一排是餐厅珍藏的清酒。②寿喜烧使用高汤炖煮食材，每口锅都会有一名女招待全程服务，做好后再给大家分食，整个过程有条不紊。

③包间"月"使用整张木板进行铺装，壁龛旁几案上面的窗格也特别漂亮。④厨师长小林浩，拥有"日本全国烹调技能联合会模范"之称号。

菜 单

寿喜烧套餐⋯⋯⋯ "松"套餐 10500 日元，	清酒"贺茂鹤" 德利壶 ⋯⋯⋯ 735 日元
"竹"套餐 9450 日元，"梅"套餐 8400 日元	清酒"美少年"纯米 720 毫升⋯ 3150 日元
牛排套餐⋯⋯⋯⋯ 11550 日元，9975 日元	烧酒"古秘" 整瓶⋯⋯⋯⋯⋯ 4200 日元
正餐套餐（午餐）寿喜烧 ⋯⋯⋯⋯⋯⋯	自制杨梅酒 一杯⋯⋯⋯⋯⋯⋯ 630 日元
"松"套餐 8925 日元，"竹"套餐 7875 日元，	葡萄酒 整瓶⋯⋯⋯⋯⋯⋯ 2730 日元起
"梅"套餐 6825 日元	啤酒 大瓶⋯⋯⋯⋯⋯⋯⋯ 945 日元起
牛肉刺身 ⋯⋯⋯⋯⋯⋯⋯⋯⋯ 1575 日元	* 服务费 10%
牛肉佃煮 ⋯⋯⋯⋯⋯⋯⋯⋯⋯ 1050 日元	

📞 03-3666-2901

🏠 中央区日本桥人形町2-5-1

🚇 地铁人形町站A1或A3出口，分别步行两分钟

🕐 11:30—14:00，17:00—21:00

🛑 周日、节日

餐位 100位 包间 9间（100个餐位）吸烟 可以

预订 可以（晚餐时间必须预订）刷卡 可以

舒心的招牌菜炸牛排，配菜是卷心菜和自制蛋黄酱拌通心粉沙拉

舒心店铺的用心好味

舒心

从昭和26年（1951年）开始，二代店主石井明美便接棒撑起了舒心这一招牌。石井明美的父亲是舒心的创始人，她18岁时就进店跟着父亲从肉料理的基础学起了。现在的招牌菜大约是在昭和55—56年（1980—1981年）这个时期确立下来的。

石井明美非常用心地研究各种食材，无论是猪肉还是牛肉，都必须挑选纹理细腻、色泽清透的，绝不降低标准。据说这样的肉不仅容易切割，而且还更易烹调。肉类食材在进货之后都需要经过一周左右的时间来静置排酸，在使用前两天再进行分割处理。使用当天，一早起来就要将肉用盐和胡椒腌制好，至少还要再放上一个小时。

牛眼肉有点儿太腻了，因此要选取牛臀肉等靠近腰部的肉来制作炸牛排。味道当然不用说，不过还可以再来一道嫩煎猪扒，看看石井的手艺到底有多好。果然，用纹理细腻的猪肉所烹调出来的菜品其肉质鲜嫩多汁，鲜香可口，再蘸上一点儿辣酱油汁，那味道便越发有层次了。

紧邻人形町十字路口的小店总是人满为患，当然不只是因为其优越的地理位置，那绝美的味道才是让人放不下的真正原因啊！

① 打响平价西餐厅的两道招牌菜：炸牛排和嫩煎猪肉

①嫩煎猪排足足有200克那么多，肉质酥软，再配上辣酱油汁，那味道真是绝了。②汉堡肉饼是将炸猪排和嫩煎猪排所剩下的猪大排剁成肉馅制作而成的，吃起来香糯、鲜甜，特别赞。③石井明美女士。看上去如此温柔的目光，在挑选肉品时可是绝对犀利。④这是一间很小很小的铺子，干净利落的杉木吧台一直延伸到里面。

菜单

炸牛排	1550日元	咖喱饭	800日元
炸猪排	1500日元	牛肉洋葱盖浇饭	1200日元
嫩煎猪排	1550日元	火腿粉蛋	650日元
煎肉饼	1050日元	通心粉沙拉	400日元
烤猪肉串、蛋卷	各1000日元	啤酒 中瓶	600日元
炸大虾	1950日元	* 所有菜品都可以打包外带	

* 上面这些菜品都配有米饭

📞 03-3666-6555
🏠 中央区日本桥人形町2-6-6
🚇 地铁人形町站A3出口
🕐 11:00—15:00，17:00—20:15
🚫 周日以及每月的第二个和第三个周一（遇到节日，照常营业）
餐位 12位 包间 无 吸烟 不可
预订 不可 刷卡 不可

不用煎也不用炖的大和牛肉锅。待牛肉稍稍变色时，即可取出食用，此时火候刚刚好

名副其实的好吃不贵

大和

　　大和于昭和初年在信州创业，于昭和20年代（1945—1954年）后期才搬到现在的位置继续经营，店名是由第一代店主起的。这栋房子最早是建于昭和初年的三层木结构建筑，在平成6年（1994年），老板借餐厅翻新的机会将小楼改造成了钢结构的。尽管如此，餐厅一层用竹丝编的墙壁，还有二层的木席墙裙等虽非精工巧作，但这些带有怀旧气息的细节却都被保留了下来。

　　三代店主洼田公明是在人形町出生长大的。他于27岁时进店，和一代、二代店主一样打出了"好吃便宜"的招牌，到现在已经执掌餐厅20多年了。餐厅推荐的菜品有用特选的和牛眼肉制作的牛肉锅、用在寒冷地区经过特殊饲养的马背肉制作的马肉锅和马肉刺身等。"虽然价格便宜，但我们在选择食材时一定会反复斟酌，严格筛选。"洼田公明对此引以为傲，他们的菜品也的确名副其实。汤底的口味恰到好处，不会过甜或过咸，这个味道从最初延续至今，老少皆宜。据说不少女性客人实在抵不住美味的诱惑，一个人点两人份的锅子也能吃个精光。

特选的和牛、特殊饲养的马背肉，这些食材都能让你无所顾忌地吃个痛快

①一人份的马肉刺身分量十足。老板推荐配养生姜一起食用，要比配大蒜更好吃一些。②在小菜当中，爽口的红芥蓝头（内）和爆腌萝卜最受欢迎。③牛肉锅选用的牛眼肉和配菜（大葱、魔芋丝、茼蒿、烤豆腐）都是两人份的。

④店主洼田公明，他会亲自切肉和片刺身。
⑤一层的榻榻米散座成排放着能做二至三人的小桌子。

菜 单

牛肉锅	1850日元	清酒"朝开"手工大吟酿　300毫升	
马肉锅、马肉刺身	各1850日元		1250日元
生鳕鱼子	800日元	烧酒"亦竹"　一瓶	3700日元
味噌大鲣鱼腌大蒜	500日元	烧酒"今后"　一瓶	4200日元
爆腌萝卜、腌芜菁叶	各550日元	啤酒　大瓶	750日元
红芜菁、黄芥末腌小茄子	各500日元	生啤　一扎	600日元
清酒"朝开"360毫升德利壶	800日元		

☎ 03-3666-7330

住 中央区日本桥人形町2-8-3
交 地铁人形町站A3出口，步行两分钟
营 17:00～22:00（最后的点餐时间为21:30）
休 周日、节日
餐位 100位 包间 3间（50个餐位） 吸烟 可以
预订 可以 刷卡 不可

寿喜烧"月"套餐，特级牛肉那漂亮的花纹是今半的骄傲，图片所示为两人份的量

让客人展露笑容的用心烹调

人形町今半

　　浅草今半的日本桥分店于昭和27年（1952年）开业，到了昭和31年（1956年），这家餐厅便脱离了总店，而以"人形町今半"的名号独立了出来。餐厅就位于甘酒横丁的入口拐角处，店面是建于昭和28年（1953年）的，由大正时代的戏院"喜扇亭"改建而成的日式二层小楼，精巧别致。今天，这里已经成了人形町的地标之一，别具一格的红色外墙格外夺人眼球。

　　人形町今半一直对肉和汤底力求完美，在选好肉之后，餐厅对于肉的排酸进程也相当重视，短则两周，长的有可能需要两个月。餐厅希望给客人留下"今天吃了明天还想吃"的好印象，在制作汤底时，就连砂糖这一细节都会反复推敲，力求使汤的口感更加清爽。

　　二层的榻榻米餐位主要经营寿喜烧和涮锅，一层则以牛排等铁板烧为主。无论是用牛外脊和牛眼肉做的寿喜烧还是外脊牛排，吃过之后都会让人念念不忘，因此店里总是有很多回头客前来用餐。

　　目前餐厅还在拓展其他业务，比如销售上等肉类食材的礼盒等。

今天吃了明天还想吃，无论是肉还是汤底，都要给客人留下好印象

①名菜牛腹寿司。寿司饭包裹在牛腹脂肪里，慵懒而安逸。②寿喜烧"月"套餐的三道配菜。左边内侧是三种刺身，在它右边的是竹蛏炸豆腐团，前面方托盘里放的是前菜（芥末牛肉等五款拼盘）。③二层的包间"泡桐"，在天花板上加入了泡桐花的图案，采用了素雅的书斋装修风格。④一层的"喜扇亭"是吧台座席，围着"U"字形的铁板烧烤台有11把椅子。正面的匾额上写的是高村光太郎的诗——"牛排碟"。

菜单

寿喜烧、涮锅套餐

"月"（特级牛肉和三道菜）	12600日元
"星"（特级牛肉和四道菜）	15750日元
名菜 牛腹寿司	1575日元

铁板烧套餐

"花"（特级牛肉和三道菜）	12600日元
"星"（极品牛肉和三道菜）	15750日元
午餐时段的寿喜烧	4725日元

牛排定食A（限午餐时段）	2730日元
清酒"壶中有天" 180毫升	1470日元
芋烧酒 一杯	525日元起
啤酒 大瓶	735日元

* 服务费10%
（晚间所有的餐位都需要收取服务费，午餐时段只有单间收取服务费）

☎ 03-3666-7006

🏠 中央区日本桥人形町2-9-12

🚇 地铁人形町站A1出口，步行一分钟 🕙 11:00—15:00（最后的点餐时间为15:00），17:00—22:00（最后的点餐时间为21:30）* 周六、周日、节日的营业时间为11:00—22:00（最后的点餐时间为21:30）🈺 无休 餐位 110位 包间 13间（70个餐位。仅二层需要收取包间费，一间2000日元起）

吸烟 仅单间可以吸烟 预订 可以 刷卡 可以

杂交鸭寿喜烧套餐的主菜（照片上的是鸭胸肉和配菜），使用备长炭以及南部专为餐厅特制的铁锅来进行烹调

东京市内唯一一家杂交鸭专营店

鸟安

　　明治5年（1872年），鸟安在这里创立，当时附近一带被称为两国广小路，这里从江户时代开始就一直是东京市内首屈一指的繁华闹市。如今这里学校、公司林立，早已看不到往昔的影子，只剩下这家餐厅还散发着淡淡的明治情怀，让人仿佛回到了那个遥远的时代。尽管餐厅于平成17年（2005年）曾经过一次大改造，但改造之后，这座将日、欧风格完美融合的新古典主义建筑却依然精彩。

　　鸟安所经营的菜品，从创店至今就只有由家鸭和野鸭配种而成的杂交鸭而已，他们相信由他们出品的鸭子，"无论是大小还是脂肪的含量，都是别人无法复制的"，而且他们最擅长的就是用杂交鸭烹制鸭肉寿喜烧。

　　鸭肉寿喜烧套餐中包含了五个前菜、汤、芥末鸭肉还有主菜。先用炭火将铁锅烧热，之后涂上鸭油，然后再将切得厚厚的鸭胸肉放入锅内，将其煎得滋滋作响，不要忽略这个声音，它也是味道的一部分。取出一片煎好的鸭胸肉，蘸上冰凉的萝卜泥酱油入口，菜品肉汁饱满，甘香四溢，那美好的滋味瞬间便充满了整个口腔。接下来继续品尝鸭腿、鸭胗、鸭心和鸭肝，估计此时你已经完全被这一品杂交鸭给征服了。

从鸭胸、鸭心到鸭肝，给鸭肉寿喜烧加入了更多的美味元素

① 鸭肉与鸭肝的拼盘（内侧，三人份）、鸭滑（前侧，两人份）、配菜（约五人份）等，这些都是鸭肉寿喜烧的主角。② 鸭肉寿喜烧的前菜，拌咸鲑鱼子（中间）、白味噌鸭肉和黄芥末葱芽（右边内侧），其余三种菜品则会根据季节的变化来调整。③ 将杂交鸭松放在米饭上吃。

④ 三层的西式房间，木地板泛着优雅的光泽，木格拉门带有一种神秘的美感。⑤ 二层的日式房间是地炉下凹式的，可以放腿。阳光透过窗格照射进来，整个房间都明亮了。⑥ 我们竟然在旧的留言本里发现了已经成为演员的三木纪平的名字。

菜　单

杂交鸭寿喜烧 · · · · · · · · · · · · · · 8000 日元		烧酒 · · · · · · · · · · · · · · · 一杯 630 日元起，	
*含税费及服务费			一瓶 4200 日元起
杂交鸭松 · · · · · · · · · · · · · · · 550 日元		葡萄酒　整瓶 · · · · · · · · · · · · 3150 日元起	
清酒"菊正宗"温瓶180毫升 · · · 735 日元		生啤　一杯 · · · · · · · · · · · · · · · 735 日元	

☎ 03-3862-4008

🏠 中央区东日本桥2-11-7

🚇 地铁东日本桥站、马喰横山站B1出口，各步行五分钟

🕐 17:00～22:00（最晚的进店时间为20:00）

🚫 周日、节日

🪑 餐位 120位　包间 13间（120个餐位）　吸烟 可以

预订 可以　刷卡 可以

我家的关东风味的寿喜烧

　　提到肉食，就想说说牛肉，对于出生在大正时代（1912—1926年）的我来说，关于牛肉的记忆一定要从寿喜烧说起。不光是我们家，在第二次世界大战之前，对于大多数家庭来说，寿喜烧都是一等一的美味。寿喜烧分关东风味和关西风味两种，我们家的是关东风味的。将铁锅充分加热之后，拿白白的牛脂块在锅底蹭一蹭，待油脂析出后，再将肉一片一片地摆进锅里，加入汤底一起煮。先吃肉，然后再将烤豆腐、魔芋丝和大葱等配菜加进去煮，煮好的食材要蘸着打散的生鸡蛋一起食用。

　　而关西的做法则是不使用汤底，将牛肉煎至变色之后，加入砂糖和酱油一起煮，待开始收汁后再放入蔬菜、水和酒。我第一次尝试关西风味的寿喜烧是在京都，当时看到砂糖多得都看不见肉了，着实被吓了一跳。寿喜烧这个词在日文中的发音是"SUKIYAKI"，江户时代，政府禁止百姓食用兽肉，于是人们便使用干铁锹等农具在户外烤肉吃。铁锹在日文中的发音是"SUKI"，烤是"YAKI"，"SUKIYAKI"这个词就是这么出现的。这样说来，关西风味的寿喜烧其制作方法似乎更接近本源呢。

　　无论是在餐馆还是在家里，掌勺做寿喜烧的大多都是一家之主，所以脑子里便会有了爸爸的味道、老公的味道这些不同的记忆。寿喜烧的配菜一般是茼蒿、白菜、洋葱等，不同的地区也存在一些差异，这要是说起来，可就又是一个聊不完的话题了。

千代田区・港区・品川区・大田区

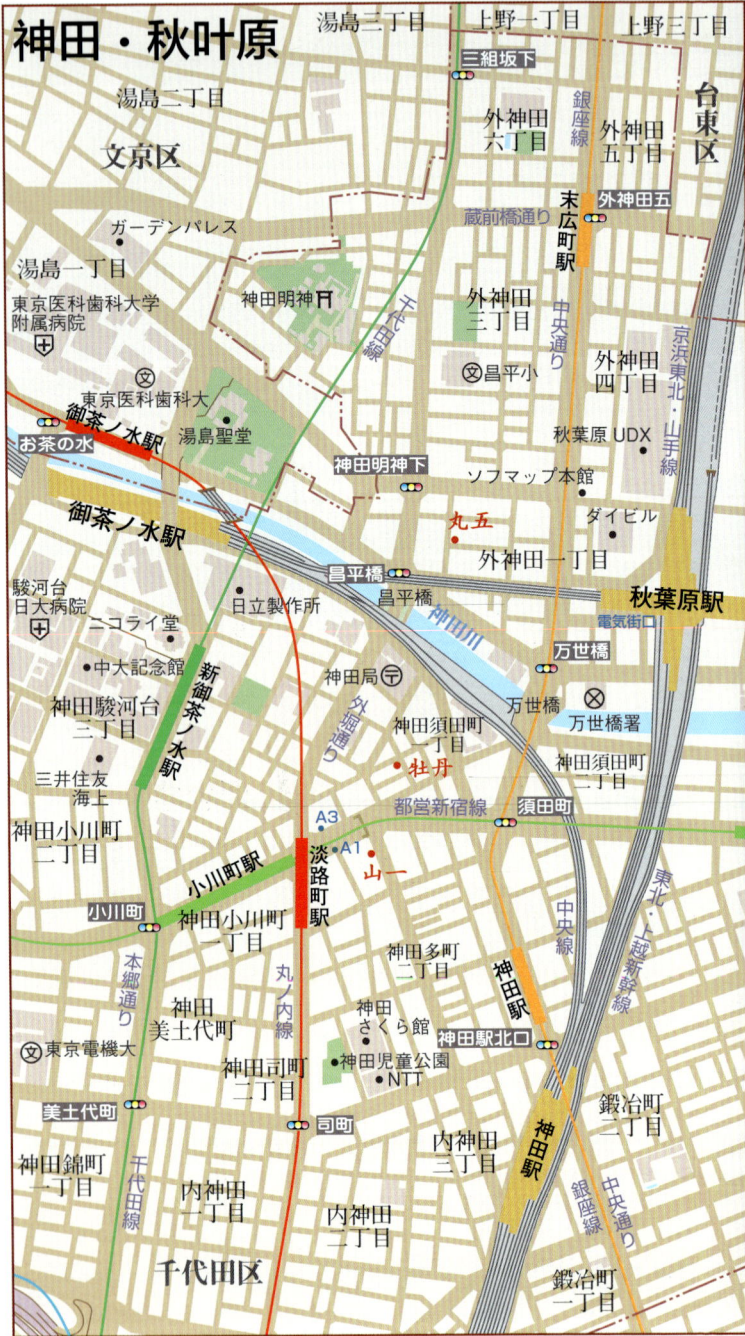

神田・秋叶原

湯島二丁目　上野一丁目　上野三丁目

三組坂下

台東区

文京区

湯島二丁目

外神田六丁目

外神田五丁目

蔵前橋通り

末広町駅

外神田五

ガーデンパレス

湯島一丁目

神田明神

外神田三丁目

中央通り

外神田四丁目

京浜東北・山手線

東京医科歯科大学附属病院

昌平小

秋葉原 UDX

東京医科歯科大

御茶ノ水駅

お茶の水

湯島聖堂

神田明神下

ソフマップ本館

丸五

ダイビル

御茶ノ水駅

外神田一丁目

秋葉原駅

昌平橋

昌平橋

電気街口

神田川

万世橋

駿河台日大病院

日立製作所

万世橋

万世橋署

ニコライ堂

神田局

神田須田町一丁目

神田須田町二丁目

中大記念館

新御茶ノ水駅

外堀通り

牡丹

神田駿河台二丁目

三井住友海上

都営新宿線

須田町

A3

神田小川町二丁目

A1

山一

東北・上越新幹線

小川町駅

淡路町駅

神田多町二丁目

小川町

神田小川町一丁目

神田駅

本郷通り

丸ノ内線

神田さくら館

神田美土代町

神田児童公園

神田駅北口

千代田線

東京電機大

神田司町二丁目

NTT

神田駅

鍛冶町二丁目

美土代町

司町

内神田三丁目

中央線

銀座線

神田錦町一丁目

内神田一丁目

内神田二丁目

鍛冶町一丁目

千代田区

三番町

二松学舎大

北の丸公園

千鳥ヶ淵

東郷公園　大妻女子大・短大

九段小　三番町　大妻高・中

千鳥ヶ淵戦没者墓苑

TONY ROMA'S 三番町店　飛鳥建設

墓苑入口

首都高速

千代田女学園高・中

千代田区

大妻通り

半蔵門線

代官町通り

千鳥ヶ淵

女子学院高・中

一番町

5

イギリス大使館

千鳥ヶ淵公園

半蔵濠

千代田

皇居

一番町

麹町小

カメラ博物館

内堀通り

半蔵門駅

麹町学園女子高・中

麹町一丁目

麹町署

麹町署

新宿通り

麹町一

半蔵門

ホテルニューオータニ

麹町中

平河町二丁目

最高裁判所

南北線

グランドプリンスホテル赤坂

弁慶濠

弁慶橋

平河町

首都高速

永田町駅

国会図書館

丸ノ内線

赤坂見附

永田町駅

元赤坂一丁目

赤坂エクセルホテル東急

永田町二丁目

有楽町線

半蔵門線

ベルビー赤坂方面

赤坂見附駅

山王グランドビル

青山通り

外堀通り

日比谷高

千代田区

赤坂四丁目

佛電益

港区

赤坂三丁目

山王日枝神社

山脇学園短大・高・中

銀座線

赤坂五丁目

千代田線

溜池山王駅

国会議事堂駅

（再開発予定地）

山王下

山王パークタワー

赤坂見附

1 : 10,000

0　　　　200米

地図上端为正北方向

51

麻布十番

満天星
首都高速
南北線
都営大江戸線
麻布十番駅
麻布十番
一丁目
麻布十番商店街
麻布
十
番
駅
港区
麻布十番二丁目

六本木

六本木駅
六本木四丁目
六本木通り
六本木
七丁目
俳優座
首都高速
六本木
5
港区
日比谷線
六本木駅
麻布署
都営大江戸線
六本木ロア
五丁目
六本木

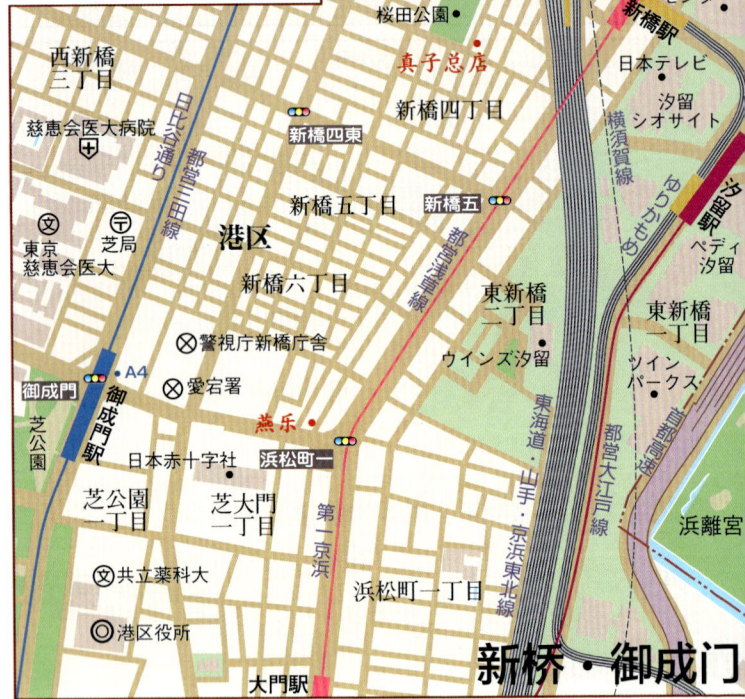

日比谷公園
帝国ホテル
内幸町
一丁目
日比谷公会堂
千代田区
内幸町
東京電力
銀座
七丁目
A5
内幸町駅
摩耶
中央区
第一ホテル
東京
銀座
八丁目
A2
西新橋
新橋一丁目
土橋入口
7
新橋駅
今朝
銀座線
赤レンガ通り
新橋二丁目
8
銀座口
日比谷口
末源
岡田
新橋駅
ヤクルト
ホール
烏森口
シティ
センター
新橋三丁目
桜田公園
新橋駅
真子総店
日本テレビ
汐留
シオサイト
新橋四丁目
新橋四東
汐
留
駅
西新橋
三丁目
横須賀線
ゆりかもめ
ペディ
汐留
慈恵会医大病院
日比谷通り
都営三田線
芝局
港区
新橋五丁目
新橋五
東新橋
二丁目
東新橋
一丁目
東京
慈恵会医大
新橋六丁目
ウインズ汐留
東海道・山手・京浜東北線
都営浅草線
ツイン
パークス
警視庁新橋庁舎
御成門
A4
御成門駅
愛宕署
芝
公園
燕乐
都営大江戸線
首都高速
日本赤十字社
浜松町一
浜離宮
芝公園
一丁目
芝大門
一丁目
第一京浜
共立薬科大
浜松町一丁目
港区役所
大門駅
新桥・御成门

52

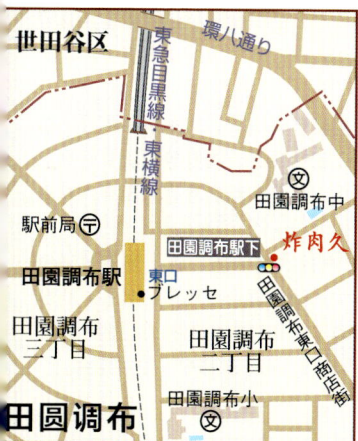

西麻布

青山霊園　　↑乃木坂駅　　港区　　六本木駅

外苑西通り

卍長谷寺　　西麻布一丁目　　六本木六

• 豚組

西麻布二丁目　　六本木通り　　妙善寺卍　　六本木ヒルズ

西麻布　　首都高速

高樹町　　グランドハイアット東京 •

高樹町出入口　　• 叙叙苑游玄亭

日比谷線

西麻布四丁目　　西麻布三丁目　　卍専称寺

西麻布　　↓広尾駅

南青山

表参道駅　　青山霊園

千代田線

南青山五丁目　　南青山四

根津美術館 •

港区

• 建設共済会館

• 岡本太郎記念館　　長谷寺卍

南青山六丁目

骨董通り

LAUBURU　　ドミール南青山　　高樹町

六本木通り

首都高速

南青山七丁目　　**南青山**

武蔵小山

文 小山台小

目黒区　　小山一丁目

文 小山台高

武蔵小山駅　　東急目黒線　　品川区

東口　　小山三丁目

• 石井

小山四丁目　　• 東急ストア

一番通り　　パルム

武蔵小山　　武蔵小山

田圓調布

世田谷区　　環八通り

東急目黒線

東横線

文 田園調布中

駅前局 〒　　• 炸肉久

田園調布駅下

田園調布駅　　東口 ブレッセ　　田園調布東口商店街

田園調布三丁目　　田園調布二丁目

田園調布小 文

田圓調布

蒲田

西蒲田五丁目

日本工学院 •
専門学校

京浜東北線　　東海道線

• 鈴文 •

西蒲田

大田区

西蒲田七丁目

サンカマタ •　　蒲田駅

西口　　• パリオ

東急プラザ •

東急池上線　　蒲田駅

東急多摩川線

◎ 大田区役所

西蒲田八丁目

1：10,000

0　　　　　200米

地图上端为正北方向

53

加入备长炭的铁锅是特别定做的，配菜丰富的鸡肉寿喜烧，现在就开动吧

将明治时代的好味道延续至今

牡丹

当夜幕降临时，乘着屋檐下微弱的灯光走进牡丹的大门，那一刻时光仿佛倒流一般，带领我们穿越到了100多年前的某一个愉快的夜晚。餐厅建于昭和4年（1929年），如今已布满了岁月的痕迹，但却依然温婉沉静。你可以在二层满铺着藤席的大厅或者是一层各具匠心的榻榻米小包间里享用这里的鸡肉寿喜烧，无论是味道还是形式，都和明治30年（1897年）开业时毫无二致。

樱井一雄是餐厅的第四代店主。餐厅都是整鸡进货，回来再由樱井一雄自己清理、分割，可见其新鲜程度，其中还包括鸡胗、鸡肝等内脏类食材。在那个食用内脏类食物还不是很普遍的年代，牡丹在鸡肉寿喜烧里混入鸡杂的做法就已经颇受欢迎了。

将烧得通红的备长炭放进铁锅下面，再依次将油脂、肉、汤底放进锅里，这个步骤已经重复了成千上万次。香浓的汤底混合着鸡肉的焦香，再蘸上新鲜的鸡蛋液，让人忍不住想要赶紧开动了。每种食材都有自己的个性，鸡胸肉嫩滑，鸡腿肉弹牙，还有餐厅力推的鸡杂，每一款都令人回味无穷。

① 鸡肉寿喜烧。前面的是配菜和鸡胸肉、鸡杂、鸡脖肉、鸡皮等，左边的是配菜和可以做鸡肉丸的鸡滑（都是两人份的量）。在它的右侧放有浓、淡两种底料。②在锅里涂上鸡油，先将肉炒一下，然后再加入汤底。

③一层的小单间"梅花"，窗户的形状很别致。别的小单间也各具特色，都加入了与名字相关的设计。④左、右两边都是鞋柜的玄关，现在已经不多见了。一直往里走，还有一个带小瀑布的花园。⑤二层的大厅是将两个房间连在一起的榻榻米散座。格窗上挂的大牌匾上写着"大富贵"，很有气魄。

从清理新鲜的整鸡开始，到鸡肉寿喜烧出锅

菜 单

鸡肉寿喜烧	6700日元	清酒"樱正宗" 180毫升	600日元
另加鸡肉盘	2100日元	清酒"樱正宗"冷酒 300毫升	900日元
凉拌三叶草、炸鸡	各800日元	烧酒"吉四六" 整瓶	5500日元
烤鸡串、烤鸡杂	各700日元	啤酒 大瓶	700日元
鸡蛋卷、醋拌凉菜	各600日元		

☎ 03-3251-0577

住 千代田区神田须田町1-15

交 地铁淡路町站、小川町站A3出口，步行两分钟

営 11:30—21:00（最晚的进店时间为20:00）

休 周日、节日

餐位 120位 包间 6间（80个餐位） 吸烟 可以

预订 可以（五人以上） 刷卡 不可

四五厘米厚的小里脊猪排(图片所示为定食组合)和猪排盖饭受到了外国食客的欢迎

在美食中感受店主的魄力

山一

　　松井孝仁曾在神田须田町知名的猪排店胜漫掌管后厨多年，直到平成19年（2007年）8月，他才独自创立了自己的店。穿过不长的走道进入餐厅，右手边和左手边分别是能坐八个人和两个人的方形餐桌，正前方是能坐四个人的吧台。店面非常小，不过对于那些标准的"猪排控"来说，只要吃上一口，他们肯定会拍着大腿说："就是这个味儿！"

　　餐厅甄选上等猪肉做原料，瘦肉纤维细腻，肥肉晶莹剔透。先用1:9的比例调和芝麻油与棉籽油，然后再用调和好的油炸猪排，在油温方面既要考虑不让食材吸油，又要保证肉的口感鲜嫩。当油温达到130℃时放入猪排，在炸制的过程中要将油温稳定在150℃，对油温的控制相当关键。山一的炸猪排不仅肉质好，而且火候也恰到好处。就算是四五厘米厚的小里脊猪排，煎炸的时间也不过七八分钟而已。猪排的外皮经过充分地脱油，非常爽口，相比之下，小里脊猪排会更软嫩一些，而大排则更鲜美多汁一些，无论是哪种猪排，都有一股淡淡的回甘让人难以抗拒，再配上美味的安第斯岩盐，当你在全神贯注地品尝猪排时，除了味道，你是否也感受到了店家从头再来的魄力与决心呢？

从肉到油再到面粉，全程都运用专业的眼光来挑选食材

①一人份的炸串是两串儿的量。将小里脊肉、大葱和柿子椒用竹签穿起来炸，炸好后再拔出竹签，将食材一切两半，里面漂亮的绿色就是柿子椒，吃起来有点儿小清新的感觉。②用三叶草点缀的炸猪排盖饭，量大味美，吃完之后还不会觉得撑。

③餐厅的装修以白色和棕黑色为主色调，店里被打扫得一尘不染。④松井孝仁告诉我们"现在已经有不少回头客了"。

菜　单

特级炸小里脊定食·············· 2100日元		炸串　一串儿·············· 450日元
特级炸大排定食·············· 2000日元		小里脊一口串　一串儿·········· 250日元
炸小里脊定食·············· 1600日元		煮牛筋（限晚餐时段）·········· 700日元
炸大排定食·············· 1500日元		清酒"贺茂鹤"　180毫升·········· 600日元
炸串定食·············· 1300日元		烧酒　一瓶　　麦烧酒2800日元，
炸小里脊盖饭·············· 1700日元		芋烧酒3300日元
炸猪大排盖饭·············· 1600日元		啤酒　中瓶·············· 550日元

📞 03-3253-3335

住 千代田区神田须田町1-8-4玉井大厦一层

交 地铁淡路町站、小川町站A1出口，各步行一分钟

营 11:00—14:30（最后的点餐时间为14:30，17:00—20:30（最后的点餐时间为20:30）*周六的营业时间为11:00—14:00（最后的点餐时间为13:30）

休 周日、节日　餐位 14位　包间 无　吸烟 可以

预订 不可　刷卡 不可

炸猪大排的肉呈现出淡淡的粉色，厚度足有三厘米，真是让人垂涎欲滴啊（图片所示为炸猪大排定食）

极富匠人精神的小店

丸五

正如餐厅所说"猪排靠低温，餐厅靠帮手"，店里忙前忙后的员工个个麻利爽快，干劲十足。这里就像一间"手艺人开的店"，特别干净利索，让人看了心里舒坦。

那"猪排靠低温"又是为什么呢？从食品安全的角度来说，有必要将猪肉充分加热。"丸五"的猪排非常厚，如果突然将其放入温度比较高的油里的话，热量将会很难被传导至中心部分。当然更重要的原因是为了将肉的鲜味牢牢地锁住。

餐厅使用的猪肉产自山形县的平田牧场，猪则是拥有优质动物脂肪的三元猪（用三个品种杂交培育出来的猪）。将猪肉切成厚片，再蘸上低糖的面包糠。如果是大排的话，需要慢炸12~13分钟，如果是小里脊的话，则需要15~16分钟才能出锅。用来炸猪排的油是在玉米色拉油中加入了玉米色拉油分量1/10的芝麻油的混合油。炸好的猪排色泽呈淡淡的粉色，而且还带有些许芝麻油的香气，吃起来一点儿都不油腻。特别是炸猪大排，甘香无比，最受女性食客的青睐，店里常有女性回头客一个人来就餐，我总能看到她们在角落里吃得很开心的样子。

用小火慢炸的特色猪排，色泽清淡，口味浓郁

①定食里的小里脊或大排都是140克的量，肉里隐约带着一股上等的甘香，嚼起来脆爽可口。②拼盘里的是两个圆形的小里脊一口炸和两只炸大虾。

③猪肉冻，一道搭配烧酒吃的绝佳小菜。④二楼用整块花梨木做成的大餐桌有15厘米厚，气场十足。除此之外，还有六张桌子。

菜 单

特级炸小里脊、嫩煎小里脊、炸小里脊定食	
················各1950日元	
特级炸猪大排、嫩煎猪大排、炸猪大排定食	
················各1650日元	
炸仔鸡排定食············ 1350日元	
姜汁煎大排、炸串············ 各1200日元	
拼盘、炒松阪牛肉············ 各1750日元	

组合（米饭、红味噌汤、新腌小菜） 400日元	
肉冻、红烧牛肉············ 各400日元	
日式红烧肉············ 500日元	
清酒"菊正宗" 180毫升 ··· 600日元	
烧酒"梦想仙乐"········ 一杯700日元，	
整瓶4000日元	
啤酒 大瓶 ············ 600日元	

☎ 03-3255-6595
住 千代田区外神田1-8-14
交 JR秋叶原站电器街出口，步行四分钟
营 11:30—14:50（最后的点餐时间,14:50），17:00—20:20（最后的点餐时间为20:20）
休 周一以及每月的第三个周二
餐位 35位 包间 无 吸烟 不可
预订 不可 刷卡 不可

这个就是由 TONY ROMA'S 自创的小猪肋排，看这威风凛凛的气势

美式风味的 BBQ 肋排

TONY ROMA'S 三番町店

　　隔着内堀大街就能望见对面皇居和千鸟渊公墓里大片浓密的绿植，TONY ROMA'S就在原三番町酒店的一层。这座欧洲古典式建筑优美典雅，餐厅的空气里总是弥漫着闲适浪漫的味道。不过当TONY ROMA'S自创的招牌菜小猪肋排一上桌，什么闲适浪漫便全被抛在脑后了，此刻你的眼里只有这道能够震撼你味蕾的美食。

　　用来制作肋排的食材是小猪仔背部的带骨肉，产自美国南部，一整片的话就是单侧的12根，全长35～40厘米，重量差不多有1千克。什么优雅斯文、刀叉礼仪全都不要，这道菜必须用手抓着大口吃才最有滋味。这道BBQ肋排制作起来很费时间，要一边涂抹由TONY ROMA'S自制的酱汁，一边用炭火慢慢烤制。与简单粗暴的外观和吃法不同的是，肋排本身焦香软嫩，蕴藏着细腻而富有层次的味道。轻松自在地和朋友一起分享超大份的菜肴，这才是美式餐厅的真正乐趣。六本木（工作日仅限晚餐时段）、青山、横滨和幕张等地都有TONY ROMA'S的姐妹店。

大份 & 分享,
快乐的美式餐厅

①炭烤牛外脊牛排8盎司(226克)。略带日式风味的大蒜生姜酱油(右内侧)与牛排扎实的口感很相配。产自新西兰。 ②一人份炭烤的三条小羊排,一条就有90克重,保证让你吃得尽兴。

③凸出来的房梁和柱子都是深褐色的。餐厅内的装修为粗犷复古的美式风格。 ④好肉配好酒,生啤和鸡尾酒(照片所示为用龙舌兰打底的蓝色玛格丽特)都很受欢迎。

菜 单

由 TONY ROMA'S 自创的小猪肋排	TONY ROMA'S 特制葱香面包…880 日元
············· 整片 3780 日元,	鸡尾酒················ 740 日元起
2/3 片(8 根肋排)2580 日元	葡萄酒(红、白)········ 一杯 630 日元起,
炭烤牛外脊牛排·········· 8 盎司 2850 日元,	整瓶 2630 日元起
12 盎司 3250 日元	生啤 一扎···················· 720 日元
炭烤小羊排················ 2850 日元	* 晚间需要收取 10% 的服务费

☎ 03-3222-3440

🏠 千代田区三番町 一层

🚇 地铁半藏门站5号出口,步行五分钟

🕐 11:45～23:00(最后的点餐时间为22:30)*周六的营业时间为12:00～23:00(最后的点餐时间为22:30)。周日、节日的营业时间为12:00～22:30(最后的点餐时间为22:00)

🛑 无休 餐位 100位 包间 无

吸烟 可以(有无烟区) 预订 可以 刷卡 可以

铁网烤松阪猪大排重约200克，上桌时就已经被切好了，而且还搭配了土豆泥和煮蔬菜

优雅的本土时尚餐厅

佛雷兹

在赤坂东急百货的南边一点儿，有一栋有着玻璃外墙的高层现代建筑——保加利亚大厦，它正对着外堀大街，从大厦里可以俯瞰到日枝神社里那茂密的树林。佛雷兹就在这栋大厦一层的一个角落里，从外观上看，它更像是一家时尚的咖啡屋或精品店，然而实际上它却是一家本地风味的西餐厅，就连外国客人也经常光顾这里。因为餐厅的装修风格时尚洋气，所以客人基本上都是在这附近工作的商务人士。不过在周末，这里也能时不时地看到一些年轻情侣的身影。

看似简单无华的菜肴，可制作起来却相当费心思。比如说用鹿儿岛产的黑猪小里脊制作炸猪排，就需要经过九分钟的煎炸和五分钟的焖蒸才能够制作完成，要是想让肉酥嫩鲜甜的话，这五分钟是绝对不能少的。特制炸牛肉饼用的是100%的和牛碎肉，而且主要用的是牛上脑，真是唇齿留香，回味无穷啊！

铁网烤松阪猪大排和炸猪大排用的是母乳喂养的慢熟松阪猪肉，其肉质与黑猪肉的肉质相近，不会过分油腻，而且肥肉也十分鲜甜。

无论是选材还是烹调，佛雷兹都做到了不遗余力，但却让人感到了一种举重若轻的从容，这就是传说中高冷的赤坂范儿吧。

简约的肉料理，从食材与烹调的平衡开始

①

②

③

①用鹿儿岛的黑猪小里脊制作的炸猪排，三个180克，量大味美。切开后，那粉嘟嘟的样子令人好想马上咬一口，桌上的酱汁是餐厅自己调制的。②特制炸牛肉饼，在油温为140℃上下时，将牛肉饼炸制9～10分钟，菜品鲜美多汁，让人根本停不下来。晚上最少可以点一个(780日元)。③店内的装修风格是以直线条为主的现代简约风格，阳光充足，完全不像我们印象里的猪排店那样。

菜 单

(晚间)铁网烤松阪猪大排、炸猪大排	鹿儿岛产的黑猪 ⋯⋯⋯⋯⋯⋯ 5250日元
⋯⋯⋯⋯⋯⋯⋯⋯⋯⋯⋯ 各2680日元	套餐 ⋯⋯⋯⋯⋯⋯ 4500日元，6500日元
(晚间)铁网烤鹿儿岛黑猪大排、炸小里脊	清酒"八海山" 180毫升 ⋯⋯ 680日元
⋯⋯⋯⋯⋯⋯⋯⋯⋯⋯⋯ 各2680日元	烧酒 一杯 ⋯⋯⋯⋯⋯⋯⋯⋯ 680日元
特制炸牛肉饼(定食、午餐) ⋯ 1470日元	葡萄酒⋯⋯⋯⋯⋯⋯⋯⋯ 一杯880日元，
炸整条小里脊 约350～400克	整瓶3800日元起
山形县产的三元猪 ⋯⋯⋯⋯⋯ 3980日元	啤酒 中瓶 ⋯⋯⋯⋯⋯⋯⋯⋯ 780日元

☎ 03-3500-3755

住 千代田区永田町2-13-10 保加利亚大厦 一层

交 地铁赤坂见附站赤坂BellB方向的出口，步行三分钟

营 11:15—15:00（最后的点餐时间为14:30），17:15—22:30（最后的点餐时间为21:30）

休 周日 餐位 23位 包间 无

吸烟 可以（11:15—13:00禁烟）预订 可以 刷卡 可以

牛眼肉日式火锅，配菜非常新鲜，其优良的品质一目了然

颇受上流社会青睐的高级餐厅

摩耶

　　昭和38年（1963年），曾经的俱乐部Manuela改头换面成了现在的日本料理餐厅摩耶。据说他家的涮锅因深得京都名店十二段家的真传而颇受好评。与之前的俱乐部一样，这里受到了艺术家及经济界、政治界人士的青睐。坐在餐厅的吧台位和餐桌位，抬头便能看到漂亮的房梁和横木，日式包间也特别端庄典雅，无论身处摩耶的哪一个空间，你都能从从容容地享用美食。

　　餐厅供应的牛肉可是百里挑一的精品，虽然同为松阪牛肉，但这里的肉却是从最高级的5A级牛肉里选出的极品，如果没有一定的交易量（在餐厅玄关处摆设的匾额就是成绩的证明），就算有钱，你也买不到这样的肉。蔬菜主要产自京都和加贺，像群马县的圆白菜和兵库县的白菜这类应季的蔬菜也是不可或缺的。除此之外，餐厅还选用了京都—九条的车轮烤麸、兵库—加古川的优质鸡蛋等，在食材的挑选方面，这里绝对无懈可击。

　　摩耶不仅对食材精挑细选，而且在选择烹调器具上也颇为独具匠心。在这里，你可以品尝到寿喜烧、涮锅以及烤肉等菜品，这些美食所带来的那种单纯的幸福感会从味蕾蔓延到全身。

①牛排专用肉（只有牛里脊，1人份为130克的量）会被事先切好，然后用加入备长炭的专用烤台在客人面前加工。②在涮锅和寿喜烧中使用的松阪牛眼肉，这一块重约4千克，差不多是餐厅一天的消耗量。

③由餐厅潜心研究出的寿喜烧锅（左）和涮肉锅。④盖有生产协会印章的"松阪牛"匾额就摆放在图片左侧的玄关的位置。⑤大厅里的吧台位和餐桌位。天花板上装饰着粗大的房梁。

菜 单

涮锅（寿喜烧、牛排）怀石、小锅煎（各）	定食 寿喜烧盖饭（午餐） …… 3045日元
……"摩耶" 15750日元，"松" 12600日元，	清酒"八海山" 720毫升 …… 4410日元
"竹" 10500日元，"一品" 7140日元	烧酒 一杯 …………………… 800日元起
严选松阪套餐………………… 各18900日元	葡萄酒（红、白）整瓶 …… 5200日元起
涮锅套餐（午餐）………………… 8400日元	啤酒 中瓶 …………………… 750日元
寿喜烧套餐（午餐）……………… 8400日元	* 服务费：午餐时段为10%；晚餐时段的
牛排套餐（午餐）………………… 7875日元	吧台位和餐桌位均为10%，单间为15%

☎ 03-3591-0633

🏠 港区新桥1-1-1 日比谷大厦地下一层

🚇 地铁内幸町站A5出口，步行一分钟；JR新桥站日比谷出口，步行五分钟 🕚 11:30—14:00（最后的点餐时间为13:30），17:00—22:00（最后的点餐时间为21:00）*周六的营业时间为 17:00—22:00（最后的点餐时间为21:00）🈺 周日、节日 🍴 餐位 81位 包间 10间（53个餐位，需要包间费）🚭 吸烟 可以 📅 预订 可以 💳 刷卡 可以

10500日元的"和"套餐。肉类以特制的鸡滑为主，此外还有杂交鸭和鸡肝等（图片所示为三人份的量）

细品用三种肉糜特制的肉滑

末源

末源于明治42年（1909年）开业，常客中有不少名人。

餐厅位于新桥的柳通大街上，黑色的院墙里是面阔九间的传统日本大屋，颇有几分江户时代的风韵。可惜在平成8年（1996年）时对店面进行了改造，旧时的模样早已不复存在，只保留了旧时的玄关式台以及卫生间的单扇拉门等细节，传统的材质和样式在现代建筑里被赋予了新的生命。

鸡肉锅是餐厅"和"套餐（锅料理）里的主菜，也是一道名声在外的招牌菜。制作时不添加任何调料，只用纯鸡汤炖煮各种食材，待煮好之后配着加了酱油、花椒的萝卜泥一起食用。由斗鸡、土鸡、杂交鸭三种肉经过二次搅碎特制而成的鸡滑，在锅里被煮得滚烫，蘸上冰凉的萝卜泥放入口中，只一瞬间，那温热浓香的肉汁便会在口腔中肆意喷涌，那鲜甜的滋味便会滑过舌尖。无论是高汤还是各色配料，都浓缩了这片土地的精华，如此奢侈的享受怎能不让人心满意足呢？

用原汁鸡汤烹调出的鸡肉锅，因为简单而耐人寻味

①这就是传说中的招牌菜，炖煮时香气扑鼻。②野鸭胸肉是套餐中的一道下酒小菜，不能单点。③午餐时段很受欢迎的炸鸡定食，可搭配凉拌海鲜、腌咸菜、鸡汤等一起食用。

④可容纳六个人的日式包间，装修风格明快、简约。这里还有带地炉的下凹式日式包间。⑤餐桌位用餐区，日式拉门设计别致。

菜 单

料理套餐、"和"套餐、天妇罗套餐（各）
…………… 8400 日元，10500 日元，
13650 日元，15750 日元
（午餐）
　小锅定食（鸡肉、鸡蛋盖饭）　1050 日元
炸鸡定食……………………… 1470 日元

龙田炸鸡定食……………… 1575 日元
午餐料理套餐……………… 5250 日元起
清酒"菊正宗"特撰 180 毫升… 800 日元
烧酒 整瓶……………… 4000 日元起
啤酒 中瓶……………………… 800 日元
* 服务费：散座 10%，单间 15%

☎ 03-3591-6214
住 港区新桥2-15-7
交 JR新桥站日比谷出口或地铁新桥站8号出口，各步行两分钟　营 11:30—13:30（最后的点餐时间为13:25），17:00—22:00（最后的点餐时间为20:45）
休 周日、节日（周六不定休）
餐位 35位 包间 4间（24个餐位）吸烟 可以 预订 可以 刷卡 可以

炸上脑牛排午间套餐用大碟子端上来，配上米饭和味噌汤，有七八成的客人都点这个

翻台神速的炸牛排店

冈田

　　中午的冈田，客人坐在吧台前点完餐，只是喝杯水的工夫，菜就已经上桌了，用时大概也就1.5分钟吧。这里可是炸牛排店啊，炸的！餐厅所在的新桥一带是上班族的天下，午餐时间不会有那种坐着聊个没完的客人。虽说餐厅只有16个餐位，但是翻台神速。

　　炸牛排要用210℃的高温炸30秒，外面裹的一层生面包糠非常细腻，无论是看起来还是摸上去，都很像芝士粉。因为不容易吸油，所以肉的脂肪不会发生氧化，肉汁也不会流失。出菜时配上青芥末，蘸着酱油、芝麻风味的自制酱汁或者萝卜泥、酸橙酱油吃，虽然是半生的状态，但吃起来绝对醇鲜嫩滑。

　　餐厅中午时段是限量供应的，炸上脑牛排午间套餐和什锦摊饼风味炸上脑牛排盖饭等一共卖到130份就关门了。晚上建议大家先预订好，然后再动身前往。店主冈田健一曾在巴黎日航等酒店学习法餐，他所潜心研制出的各色佳肴绝对不容错过，另外冈田健一还是个烧酒迷，店里那些地道的烧酒也同样值得期待。

三成熟的炸牛排搭配青芥末，成就一道舌尖上的美食

①午餐人气排名第二的煎饼风味的炸上脑牛排酱汁盖饭（配味噌汤），饭碗是超大尺寸的，用蛋黄酱挤出的网状花纹很诱人。②包括一些稀有品种在内，餐厅常备的烧酒酒类可达30多种。可能是因为店主自己喜欢，所以不知不觉地就有了这么多品种的酒。

③接受法式教育的冈田健一举止潇洒，是一位优雅的美男子。④餐厅的前身是一家苏格兰小酒馆，其内部的装修风格都原样保留了。

菜单

午餐定食		炸牛里脊酱汁盖饭	2100日元
炸上脑牛排午间套餐	1200日元	烤火腿慕斯	850日元
炸上脑牛排酱汁盖饭	1100日元	法国鸭肉塔塔	1500日元
晚餐定食		清酒 "瑞鹰" 纯米冷酒　300毫米	950日元
炸上脑牛排定食	1700日元	烧酒　一杯	750日元
炸上脑牛排酱汁盖饭	1600日元	葡萄酒　一杯	750日元
炸牛里脊定食	2200日元	啤酒　中瓶	600日元

📞 03-3502-0883

🏠 港区新桥2-16-1 新桥大厦B1-15

🚃 JR新桥站鸟森出口，或者地铁新桥站8号出口，各步行一分钟

🕐 11:30—售完为止（最后的点餐时间为13:30—14:00），18:00—20:30（最后的点餐时间为20:30）　🈚休 周六、周日、节日

餐位 16位　包间无**吸烟** 可以（午餐时段禁烟）

预订 可以（限晚餐时段）刷卡 不可

烤猪肉串的食材豪爽、块大，也不用担心烤不熟哦

真子总店

　　在上班族的圣地新桥一带，巷子里的小酒馆星罗棋布，真子就是其中的一家。餐厅门前挂着大大的红灯笼，在夏季天还大亮的时候餐厅就开门了。烤串的原材料都是当天进货的日本自产猪肉，一等一的新鲜。算上两家分店，三家店每天需消耗的食材可达65～75千克，做成的烤串大约为1500串，只需要一个晚上的工夫，这些烤串便会全部消失在食客的胃里。

　　总店长田中道夫在烧烤台前忙活，烤台下的备长炭烧得正旺。烧烤台最多能同时烤35串儿烤串，有盐烤的，还有酱烤的，田中道夫都打理得有条不紊，保证每串儿只需要3分钟的时间就可以上桌。比较大块的食材一串儿差不多有45克重呢。田中道夫告诉我们："大块的食材也就稍微烤那么一下，看上去好像还没全熟，其实因为用的是备长炭，所以已经100%烤透了。烤猪肉串就要这个火候吃味道才最好。"

　　田中道夫说的一点儿没错。烤大肠裹了秘制的甜辣汁，吃起来筋道弹牙；烤猪舌和猪心堪称绝味，咬下去的瞬间，那嫩滑的猪肉、咸鲜的汤汁便会在口腔中融合碰撞，简直让人陶醉其中，无法自拔。果然还是新桥的老饕们最识货，每天一过17点，店里就挤得水泄不通了。

猪肉串源自新鲜的日本自产猪肉，汁好、盐好、味好、串大

①待烤的肉串。前面碟子里的食材（猪舌、软骨、猪心、生肠、猪肚）适合用盐烤，内侧的食材（猪肘、大肠、猪脸、猪肝、肉丸、大山土鸡串）适合用酱烤。②新鲜的韭菜、松软的鸡蛋，韭菜炒鸡蛋最受女食客的欢迎。③辣炒横膈膜肉用豆瓣酱调味，牛肉和洋葱都很足量，搭配着啤酒一起食用很不错哦。④经营烧烤35年的田中道夫，在给烤串挂汁儿时绝不拖泥带水。⑤店里只有吧台位和餐桌位，这是新桥一带居酒屋的经典模式。

菜 单

猪大肠、猪肝、猪舌、猪心、猪脸、软骨、生肠、大山土鸡肉丸… 一串儿各130日元	韭菜炒鸡蛋、猪脚…………… 各410日元
猪肘、大山土鸡串…………… 各160日元	辣炒牛横膈膜肉………………… 690日元
牛肝刺身、马肉刺身………… 各610日元	清酒　360毫升………………… 520日元
凉拌猪肚、凉拌猪血管……… 各510日元	烧酒　一杯………………… 320日元起
凉拌生肠………………………… 450日元	白兰地混合饮料　一杯………… 450日元
	啤酒　大瓶…………………… 530日元

☎ 03-3431-5700

🏠 港区新桥3-18-7 桃山大厦一层

🚇 JR新桥站乌森出口，步行三分钟

🕐 16:30—23:15（最后的点餐时间为22:30，周四、周五的最后点餐时间为22:45）*周六 16:00—23:00（最后的点餐时间为22:30）

🈺 周日、节日　餐位 65位　包间 无

吸烟 可以　预订 不可（18:00之前可以）　刷卡 不可

一人份的炸大排，约170克的量。肉厚扎实，外皮很薄，一定要先蘸盐，然后再吃

对客人琐碎的要求有求必应

燕乐

　　相较于晚上，燕乐的客人主要都集中在午餐时段。中午在附近工作的人蜂拥而至，搞不好就得排队。此时的后厨就像一个战场，大家都忙得没有喘息的时间。最令人佩服的是，在这种情况下，餐厅仍然可以按照每位客人的不同要求来进行制作。

　　就连猪排饭汤汁的多少和鸡蛋的火候，这些细枝末节都能照顾到。说实话，这么多人点菜，服务员能够将客人的要求一一记录下来已经很不容易了。炸猪排用的大排肉切得比较厚，如果油温过高的话，就会出现表面焦黄、里面不熟的情况，如果油温太低的话，又会造成外皮过软，肉汁流失。因此，厨师会先用低温的油慢炸一遍，待出锅之前再将油温升高，一共需要炸12～13分钟。小里脊可以比大排晚下锅4分钟，然后再同时出锅。另外，炸猪排盖饭用的虽然也是大排肉，但因为肉片比较薄，所以从一开始就要用高温的油快炸。

　　燕乐选用的猪肉是来自山形县平田牧场的三元猪，品质又高又稳定。厨师给猪排裹上餐厅定制的面包糠，一片一片用心炸制。餐厅的菜品性价比特别高，真羡慕附近那些可以经常来吃猪排的上班族。

油温先低后高，牢牢锁住猪肉的美味

①炸小里脊定食。切块后比较容易炸，一人份是三块的量，其实一块也挺大的哦。②后厨有两口大炸锅和一口小炸锅（内侧），根据不同的食材区分使用。③中午时段，炸猪排盖饭是与炸猪排午餐平分秋色的人气美食。④一层的设计非常简洁，只有一个杉木吧台和三张餐桌。

菜 单

炸猪大排、炸小里脊、炸大虾	
………… 各1700日元（定食各2300日元）	
炸猪排…………………………… 980日元	
咖喱炸猪排…………………… 1230日元	
炸小里脊盖饭………………… 1480日元	
炸猪排盖饭…………………… 1000日元	
炸猪排午餐（限中午时段）…… 900日元	
土豆沙拉…………………………… 630日元	
新腌小菜、猪肉汤………… 各300日元	
清酒 180毫升…………………… 400日元	
啤酒 大瓶………………………… 600日元	

☎ 03-3431-2122
住 港区新桥6-22-7
交 地铁御成门站A4出口，步行五分钟
营 11:00—14:00（最后的点餐时间为14:00）、17:00—20:00（最后的点餐时间为20:00）*周六的营业时间为11:00—14:00（最后的点餐时间为14:00）
休 周日、节日 餐位 50位 包间 无 吸烟 可以
预订 不可 刷卡 不可

寿喜烧"松"套餐。被摆成玫瑰花造型的雪花牛眼肉特别美（一人份的量为180克，图片所示为四人份的量）

酱油汤底的美味始终如一

今朝

　　明治13年（1880年），文明开化的大潮继续高涨，今朝在这一年开业，在这之后的很长一段时间里，人们都喜欢亲切地称它为"芝口（现在的港区东新桥一带）的牛肉锅"。那个时候为了去除牛肉的腥膻气，绝大多数的餐厅都使用味噌汤底制作寿喜烧。而今朝从开业至今，却一直使用酱油汤底。如今酱油汤底已经成为关东地区的主流，据说这是因为在酱油中加糖的汤底咸甜中和，能够保证成品味道的稳定性。

　　餐厅用的肉来自专业的批发商，全部都是带有血统证明的正宗松阪牛肉，而且只挑脂肪分布最好的三岁母牛。牛肉进货回来之后，要先经过排酸，夏天需要两周的时间，冬天需要一个多月的时间，只有在牛肉达到了最佳的品尝时间时才会将其取出来烹调。机切的牛肉下锅之后会收缩，这样一来肉的美味也就丧失殆尽，因此餐厅供应的牛肉全部都采取手工的方式切片，牛肉表面细微的不均匀正好能够锁住鲜味，而不会流失。

　　就连狮子文六等名人也都曾是这里的常客。要是想品尝今朝引以为傲的松阪牛肉的话，可以从寿喜烧开始，配菜也都新鲜水灵。此外，在炎热的夏季，清凉牛肉刺身绝对是一道冰凉爽口的降温美食。

排过酸、手切的精品松板牛肉，用最好的食材招待最挑剔的食客

①清凉牛肉刺身像是冷涮肉，可以按照自己的喜好蘸醋味噌（前右）或高汤酱油（前左）吃（照片所示为四人份的量）。②大葱等配菜也都来自专业的批发商，保质保鲜（图片所示为三人份的量）。③用木料装修出来的餐桌就餐区清爽、简约。④房间"葵"是素雅的纯日式包间。

菜 单

寿喜烧…"松" 10500 日元，"竹" 8400 日元	清酒"上喜元"大吟酿　720毫升
涮锅·····················8400 日元	·····················6300 日元
清凉牛肉刺身···············7350 日元	烧酒 整瓶···········麦烧 3150 日元
套餐 寿喜烧"松"定食 ······ 12600 日元	芋烧 4200 日元
套餐 寿司烧"竹"定食 ······ 10500 日元	葡萄酒（红、白）···········半瓶 3150 日元，
午餐寿喜烧定食···············2625 日元	整瓶 4725 日元起
牛肉刺身···················4200 日元	啤酒 大瓶···············840 日元
清酒"菊正宗"特选 德利壶 ··· 788 日元	* 服务费10%

📞 03-3572-5286

🏠 港区东新桥1-1-21 今朝大厦二层

🚉 JR新桥站银座出口，步行五分钟

🕚 11:30—14:00，17:30—21:30（最后的点餐时间为21:00）

休 周六、周日、节日 *12月的周六营业

餐位 120位 包间 10间（88个餐位）吸烟 可以

预订 可以 刷卡 可以

120克的牛里脊裹上加入奶酪的面包糠进行烤制，这是清淡版的炸和牛牛排

常有名人乔装光顾的神秘餐厅

满天星

　　一栋有着灰色的外墙和大面积的玻璃装饰的未来主义风格建筑坐落在偏离主街的小路上，满天星就在这栋楼的地下一层。餐厅没有挂出显眼的招牌，低调不引人注意。室内布置得很像一间质朴温馨的法式小酒馆，还带着几分世外桃源的感觉。

　　餐厅自开业以来一直以"对身体有益的西餐"为烹调理念，最大限度地减少动物性脂肪的使用，用心料理健康饮食。厨师坚持手工制作，同时保证所有的菜品都是在客人点餐之后才开始加工的。这应该就是大家喜欢它的理由吧，再加上餐厅特殊的位置和氛围，据说有很多名人都会乔装光顾这里。

　　满天星的菜肴多源于法餐，其中加入了日式的调料及烹饪技法。菜品口感柔和，老少皆宜，餐厅自创的牛排饭就是其中最具代表性的一款。无论是食材还是手法，都达到了日餐与西餐的完美融合。不过客人们似乎并不在意这些，他们只是乐此不疲地享受着丰盛的美食。餐厅的环境和服务都充满暖意，菜品食过之后令人身心愉悦。

使用健康食材，用心打造健康西餐

①汉堡牛肉饼的个头不大，但却相当厚实。在牛肉和猪肉的混合肉馅里加入了多种蔬菜和调味料，回味悠长。②牛排盖饭使用的特选牛肉切片是浇汁烤制的照烧风味，再配上大量的青紫苏，口味出乎意料的好。③西式炖牛肉成品重量约130克，还配有水芹和奶油烤菜。

④蛋包饭配蔬菜肉酱沙司。番茄炒饭里加入了火腿、竹笋和蘑菇，盖上嫩煎蛋饼，再配上肉酱沙司，绝对让人食指大动。⑤木地板搭配红砖墙裙沉静而高雅，让食客能够在惬意的环境中享用美食。

菜　单

炸和牛牛排	4725日元	一星套餐	5250日元
西式炖牛肉	2940日元	二星套餐	7350日元
汉堡牛肉饼、牛排盖饭、蛋包饭配蔬菜肉酱沙司	各1890日元	三星套餐	10500日元
西餐便当	3000日元	清酒"菊正宗" 180毫升	525日元
特制西餐便当	5000日元	葡萄酒	一杯525日元起，整瓶3150日元起
当日特供午餐	1575日元	啤酒 中瓶	525日元

📞 03-3582-4324

🏠 港区麻布十番1-3-1 阿波利亚大厦地下一层

🚇 地铁麻布十番站7号出口，步行一分钟

🕐 11:30—15:30（最后的点餐时间为15:00），17:30—22:00（最后的点餐时间为21:30）*周日、节日的营业时间为 11:30—22:00（最后的点餐时间为21:30）📅 周一（遇到过节就改为次日）

餐位 46位 包间 2间（20个餐位）吸烟 不可（有指定的吸烟处）预订 可以（原则上午餐时段不可以）刷卡 可以

用大排制作猪排餐，超厚版的飞弹健猪猪排足有四五厘米厚，重达250克

安全又安心的高端猪肉招牌菜

豚组

　　这家猪排店能提供多种猪肉食材，此外还有将精炼的白芝麻油与棉籽油混合起来的煎炸油、耗时两个小时加工出来的一级面包糠、用伍斯特沙司（辣酱油）调制的独家酱料、安第斯岩盐、由签约农场供应的低农药圆白菜、有机栽培的茨城产无农药腰光稻米…… 餐厅坚持将使用优质的食材进行到底。总之，是希望让客人能够吃到安心、安全，并且让肠胃舒服的"极品炸猪排"。

　　由飞弹健猪肉（豚组推荐的、味道鲜美且肉质软嫩的岐阜产二元猪）制作的超厚片猪排一上桌，估计很多人都会望而却步。但真正吃起来，才知道这道菜是如何的清脆可口，清淡好味，轻轻松松就能将其吃空。豚组全家福精选了五种品牌猪肉（三种大排和两种小里脊），当食客们还在不亦乐乎地品评着不同的食材时，这五块猪排便已下肚，回过味儿来的时候才会发现肚子竟然还挺轻松呀（关于餐厅选择的猪肉种类和特点，在店内的《豚组手册》上会有详细说明）。

　　每天的最后一位客人都会得到一个特别的待遇，餐厅所有的员工都会在门前集体目送他离开。虽说不太好意思，但其实心里还是有些小惊喜的。

这么多名牌猪肉，哪一种最好吃呢？

赶紧看看餐厅指南吧

①豚组全家福，五种名牌猪肉炸串的组合。每块猪排上都插了一面小旗子，上面写着品牌名。②梅花鹿生肉切片，上面配的是帕玛森奶酪。梅花鹿是由北海道的猎手送来的哦！

③深受顾客好评的有机葡萄酒，Domaine de Bel Air Onyx,（左）5500日元 和 Picnic Rouge,（右）5000日元。④这里原本只是一处民宅，一层的餐桌位还保留了浓浓的日本味道。

菜 单

豚组全家福 …………………… 3000日元	梅花鹿生肉切片配奶酪 ……… 1500日元
大排版猪排餐	清酒 "矶自慢" 本酿造 180毫升 … 800日元
飞弹健猪猪肉 …………………… 1950日元	烧酒 一杯 ……………… 芋烧700日元，
飞弹健猪超厚片猪肉 ………… 2800日元	麦烧700日元起
小里脊版猪排餐	红酒 ……………… 一杯750日元起，
飞弹健猪猪肉 …………………… 2200日元	分酒瓶2700日元起，整瓶4000日元起
飞弹健猪大排（午餐） ……… 1650日元	啤酒 中瓶 ……………………… 900日元
飞弹健猪小里脊（午餐） …… 1900日元	

📞 03-5466-6775

🏠 港区西麻布2-24-9

🚇 地铁乃木坂站5号出口，地铁广尾站3号出口，分别步行10分钟；地铁六本木站1b出口，步行12分钟 🕐 11:30—15:00（最后的点餐时间为14:00），17:30—23:00（最后的点餐时间为22:00）🚫 周一 餐位 38位 包间 4间（14个餐位，均为半开放式包间）吸烟 不可（周二、周三、周四有吸烟区）预订可以 刷卡 可以

79

配菜与竹叶、兰花一起点缀着特选烤牛上脑，重量约130克，非常精美

深得闺密小团体的芳心

叙叙苑游玄亭

叙叙苑游玄亭的一层是餐桌位和吧台，二层和三层是西式包间，五、六、七三层一共有七个日式包间。除了四层作为烹调区域，客人无论在哪一层就餐，都可以享受到这里的各种烤肉菜肴（午餐时段只开放一层和二层）。纯日式包间设计考究，是一个非常精致优雅的就餐空间，而其他区域的装修则带有一种超现实主义的浪漫色彩，打破了我们对烤肉店的固有印象，营造出时尚而又神秘的氛围。

叙叙苑在行内首先采用了无烟烤炉就是为了吸引更多的女性客人，这里的化妆室都比别的餐厅更干净，更漂亮。此外，装修中有很多细节都采用了银河主题的设计；这应该也是从女性审美的角度考虑的吧。功夫不负有心人，现在餐厅经常是多张餐桌都被闺密小团体给包了。虽然这么说，但这一道道经竹叶和兰花精心点缀的美丽菜肴男士们也一定会很喜欢吧。嗨！情侣们，来时尚的叙叙苑游玄亭尝一次别具一格的烤肉怎么样？

精美时尚的室内设计和菜肴摆盘，
完全超出了客人对烤肉馆的期待

①特选烤牛五花一人份，重约100克，肉片约5毫米厚。②将特选牛里脊切成骰子的形状，也可以根据客人的要求将其切成薄片，重约140克。③盐烤上等牛肚尖（内侧）和烤新牛杂（外侧）。上等牛肚尖有盐烤和烧汁烤两种烤制方式。新牛杂（牛皱胃，牛的第四个胃）是用辣味调料腌制过的，很受欢迎。

④西式包间无论是墙壁还是餐桌，都采用了女性喜欢的梦幻设计。⑤带地炉的下凹式日式包间，餐桌和室内陈设都颇具匠心。

菜单

游玄亭会席…………………	12000日元	清酒"白鹤"淡丽纯米 德利壶…	700日元
特选烤牛上脑 130克、特选烤牛五花、特选烤牛里脊…………… 各5800日元		烧酒 半瓶……………………	2000日元
		葡萄酒…………………一杯700日元	
上等盐烤牛肚尖……………	1600日元	半瓶1600日元起，整瓶3000日元起	
新烤牛杂……………………	1300日元	啤酒 中瓶…………………	800日元
烤肉午餐A…………………	2000日元	* 服务费10%（午餐时段不收取服务费）	
石锅拌饭午餐………………	1700日元	包间加收15%的餐位费	

📞TEL 03-3796-8989

🏠 港区西麻布3-24-18 叙叙苑大厦

🚇 地铁六本木站1c出口，地铁广尾站3号出口，地铁乃木坂站5号出口，分别步行十分钟 🕐 11:30—次日5:00（最后的点餐时间为4:00）*周日和节日的营业时间为 11:30—次日4:00（最后的点餐时间为3:00）

🈑 无休 餐位 182位 包间 7间（56个餐位）

吸烟 可以（有无烟区）预订 可以 刷卡 可以

搭配了小酸橘和黄瓜的牛舌，肉质柔软又不失脆爽

聚集了牛舌爱好者的另类餐厅

牛舌店又兵卫

餐厅装修由建造神社寺庙的专业木工亲自操刀，是质感厚重的纯日式风格，却又说不出什么地方还带有一些超现实主义的另类色彩，可能是因为某种地方风俗，或者是冰箱里挂着的那些密密麻麻的整条生牛舌吧。

黑毛和牛的牛舌非常新鲜，每天需要进货十条左右，都要先放在吧台对着的冰箱里，经过一个月左右的排酸，牛舌的常规库存是180条。1条牛舌的重量为1.6～2千克，用时只取其中的300～400克，这种做法是为了"让客人在顶级黑毛和牛的最佳食用期，品尝到最棒的部位"。

在所有的烤串上都会涂抹从德国进口的岩盐，并用远红外线进行烤制。当然不同的食材其烤制的方法是有区别的。牛舌要从小火开始烤，如果是雪花牛肉，则一开始就要用旺火来烤。牛舌店又兵卫不光烤牛舌之类的烧烤好吃，这里各类的牛刺身也都冰爽嫩滑，还有味噌腌牛舌也值得尝试，那种美妙的滋味绝对让人食过难忘。附近还有一家牛舌店又兵卫涮肉，是烧烤店的姐妹店。

无论是烧烤、刺身还是味噌腌极品牛舌，包你吃得心花怒放

① 雪花牛肉用的是 A5 级前泽牛肉的外脊。烤好的牛肉从木签子上取下来，可与水芹、萝卜泥、烫皮西红柿等蔬菜一起食用。② 分量足够二三人食用的刺身拼盘。从最前面开始逆时针方向分别是牛舌刺身、牛肉刺身、牛肝刺身和味噌腌牛舌。

③ 这只是从餐厅里的各种清酒中精选出的一小部分。从左边开始分别是"黑龙"石田屋、"超吟梵"纯米大吟酿、"龟之翁"纯米大吟酿（各720毫升）。④ 店里有一个很长的吧台，在右手边还有一间包间。

菜 单

牛舌	3000 日元	刺身拼盘	8500 日元
雪花牛肉	4000 日元	味噌腌牛舌	1500 日元
横膈膜肉	2500 日元	清酒"黑龙"石田屋 720毫升	30000 日元
牛舌寿司	500 日元	烧酒 一杯	800 日元起
牛舌刺身	3000 日元	葡萄酒 半瓶	18000 日元起
牛肉刺身（横膈膜）	2500 日元	生啤 中扎	700 日元
牛肝刺身	1500 日元	* 服务费 10%	

☎ 03-3402-8220
住 港区六本木3-13-8 齐藤大厦二层
交 地铁六本木站5号出口，步行三分钟
营 18:00一次日3:00（最后的点餐时间为2:30）*周日和节日的营业时间为18:00—24:00（最后的点餐时间为23:30）
休 无休 餐位 22位 包间 1间（6个餐位）吸烟 可以
预订 可以 刷卡 可以

炭烤带骨猪大排配了七种蔬菜，可与巴斯克产的红酒 IROULEGUY 一起食用

将猪肉做出花样的法式乡土菜

LAUBURU

　　老板樱井信一曾在26岁那年去法国学习，其间在巴斯克地区生活了两年半，32岁时回到日本，之后樱井信一曾在东京知名的西餐厅做过主厨等工作。平成14年（2002年），他对自己的家进行了改造，开了这间餐厅。白色的墙面和天花板被制造出恰到好处的烟熏效果，再加上裸露出来的粗木房梁，与其说这里是一家西餐厅，倒不如说这里是一家法国乡村餐馆。墙上描绘的节庆活动的插画、房顶上垂下来的旗帜，等等，餐厅里到处都充满了独特的巴斯克风情。

　　而餐厅提供的菜肴也有很多是来自法国或者巴斯克地区的乡土菜。樱井信一为人开朗，他说："要是光看菜名搞不清楚的话，欢迎随时问我。这边的红酒保证好喝不贵，大家尽情享用吧。"LAUBURU就像是一个温馨快乐的大食堂，主厨带着对往昔的美好回忆烹饪菜肴，食客们品尝着这些异国美食，不知不觉就对遥远而又陌生的法国以及巴斯克产生了一种亲近感。

84

主厨将情感与回忆融入美食中，这就是法国的味道、巴斯克的味道

① 给猪脚裹上面包糠之后进行烤制，这是一道法国的国民美食，与黄油煎土豆一起吃很有满足感。
②用生火腿和蔬菜做的汤，这是典型的巴斯克乡土菜，还可以撒上一些巴斯克产的辣椒粉哦。③正在烤制的带骨猪大排，主厨亲自扇扇子调节备长炭的炉温，需要慢慢烤制15分钟。

④樱井信一做厨师的信条是"菜品不赶时髦，烹调尽量简单"。⑤无论年长还是年少，都可以在这儿尽情地享用美食。

菜单

炭烤带骨猪大排	2940 日元	生火腿蔬菜汤	1050 日元
* 米泽猪肉　价格会根据猪肉的品牌有所浮动		葡萄酒　整瓶	（红）3570 日元起，
用猪颈肉和猪皮做的肉派	840 日元		（白）3465 日元起
地中海小扁豆沙拉	1470 日元	特供葡萄酒	分酒瓶2100 日元，
烤面包糠裹猪脚	1890 日元		一杯630 日元
法式油封猪肘	2940 日元	生啤　一杯	630 日元
巴斯克风味猪血香肠	2310 日元	* 服务费 10%	

☎ 03-3498-1314
住 港区南青山6-8-18
交 地铁表参道站B1出口，步行十分钟
营 18:00—22:00（最后的点餐时间为22:00）
休 周日
餐位 24位　包间 无　吸烟 可以
预订 需要预订　刷卡 可以

姜汁猪排午间套餐，180克的姜汁煎猪排配上米饭等四样食物，只需要880日元

满满一碟的西餐精华

石井

　　餐馆里只有一条长长的吧台和12套餐椅，装修和陈设都很简单，说是西餐馆，可它更像是一家地地道道的小酒吧，散发着朴实无华的美。后厨只有老板兼主厨的石井和彦一个人，据说餐厅的设计都是由他自己完成的。

　　石井最初是抱着"要做正宗西餐酱汁和搭配酱汁的菜肴"的想法开了这家餐厅。用大量生姜和苹果制作的和风酱汁略带一丝苦味，用来做姜汁猪排，在煎锅里发出噼里啪啦的爆破声。汉堡牛肉饼的蔬菜肉酱沙司香气扑鼻，肉饼下面还藏着美味的面条。涂满番茄沙司的鸡蛋包饭让食客们眼前一亮，忍不住要快点儿开动了。每天这些丰富多彩的菜肴和酱汁都会恭迎客人的光顾。

　　每周更新的午间套餐都搭配米饭或面包、味噌汤或西餐汤，还有小份的沙拉和饮料。晚餐的推荐套餐有西红柿炖猪肉，还有嫩煎金枪鱼鳃肉等，与午餐相比更多了几分情趣。所有的主菜都会搭配米饭、汤和沙拉。

①鸡蛋包饭配蟹肉可乐饼，鸡蛋包饭的酱汁有蔬菜肉酱沙司、番茄沙司和咖喱三种（图片里用的是番茄沙司）。②蔬菜肉酱沙司炖汉堡肉饼，上桌时还冒着热气呢，肉饼下面还藏着面条，绝对令人惊喜。③店主石井和彦，自开业以来不断尝试摸索，无论是酱汁还是菜肴，都做出了自己的特色。④这样的面积决定了餐厅多是常客光顾，据说晚上的客人比中午的还要多。

菜 单

姜汁猪排	780日元	姜汁猪排（大分量）	1050日元
慢炖汉堡肉饼	800日元	蟹肉可乐饼	1050日元
炸猪排	830日元	午间套餐	780～980日元
炸猪肉饼	630日元	晚餐推荐套餐	950～1180日元
鸡蛋包饭配		葡萄酒	一杯350日元，
炸猪肉饼	980日元		半瓶1500日元，整瓶2000日元起
汉堡肉饼	1000日元	生啤　一扎	500日元

☎ 03-3785-0143
住 品川区小山3-20-11
交 东急电车目黑线武藏小山站东出口，步行一分钟
营 12:00—15:00，17:00—22:30
休 周三
餐位 12位　包间 无　吸烟 可以
预订 不可　刷卡 不可

用150克特级猪大排制作的特级炸猪排定食，肉质鲜甜，外皮酥脆，配有米饭、红味噌汤和新腌小菜

中老年客人都赞不绝口的清淡好味

炸肉久

从田园调布站的东出口出来，沿着商店、住宅鳞次栉比的缓坡下行，在丁字路口的尽头有一栋纯日本风格的建筑，木格拉门的玄关周围还种了很多鲜花和绿植。餐厅在这里已经经营了四个半世纪了，店主久保彭弘是炸了40年猪排的大行家，他自豪地告诉我们："挑选猪肉，我比肉铺的人更在行。"

炸肉久主要选用鹿儿岛产的黑猪猪肉做原料，每次久保彭弘都会亲自给挑选好的肉排裹上长时间干燥的自制面包糠，将其放进猪油混合色拉油的煎炸油里烹制，入口香而不腻，酥脆爽口。关于炸制的时间，久保彭弘说："比如特级猪大排一般要炸7~8分钟，如果炸的时间太长的话，外皮就会散落，所以最佳的出锅时间全凭厨师的经验和直觉。"

炸好的猪排切开后香气四溢，淡粉色的肉还泛着诱人的光泽，绝对让人食欲大增。再蘸上餐厅自创的辣味混合酱料，那可就是百吃不厌啦。餐厅有很多中老年的常客，他们喜欢这里口味清淡的猪排，因为"就算每天吃也不会感觉烧心，胃里还是很舒服"。

大
行
家
的
直
觉
，
把
握
最
佳
的
煎
炸
火
候

①小里脊拼盘。特级炸小里脊猪排两块，弹嫩鲜甜的炸大虾两只。②腌芜菁叶（前）口感并不是太酸，而且还很有嚼劲，适合搭配炸猪排食用，内侧的是白芦笋。③餐厅老板久保彭弘，他对自己挑选猪肉的眼力颇为自信。④餐厅很宽敞，有吧台位和餐桌位。最里面的榻榻米就餐区有两张桌子。

菜 单

炸猪大排定食	1800日元	小份小里脊定食（午餐）	1400日元
炸小里脊排定食	1900日元	腌芜菁叶	350日元
特级炸猪大排定食	2000日元	白芦笋	450日元
炸大虾定食	1400日元	清酒"泽之鹤"新鲜酿造 冷酒 180毫升	
小里脊拼盘定食	2400日元		800日元
特级大排拼盘定食	2500日元	清酒"菊正宗"樽酒 冷酒 180毫升	
*以上菜肴如果只点单品的话，可减400日元			850日元
特惠猪排定食（午餐）	1400日元	啤酒 中瓶	550日元

📱 03-3721-2629

住 大田区田园调布2-48-15

交 东急电车东横线田园调布站东出口，步行两分钟

营 11:45—14:00（最后的点餐时间为14:00），17:30—21:30（最后的点餐时间为21:00）

休 周一、周二

餐位 30位 包间 1间（10个餐位）吸烟 可以

预订 不可 刷卡 不可

炸猪排定食相当实惠,200克的猪大排占了半个盘子,连米饭都是新潟县产的名牌大米

高龄创业的特色餐厅

铃文

餐厅老板铃木靖夫生于昭和14年（1939年）。48岁那年他毅然辞去公司的工作,到自己吃了24年的餐厅"丸一"做了学徒。7年半的时间里,铃木靖夫起早贪黑地学习手艺,终于在平成6年（1994年）,也就是在他55岁的时候出师,并在平成15年（2003年）开了这家餐厅。店内宽敞明亮,天花板和柱子的颜色是温暖的棕黄色,吧台和餐桌被收拾得非常干净,让人心情舒畅。餐桌上点缀着应季的鲜花,据说都是铃木靖夫亲手插的呢。

餐厅选用的猪肉是岩中健康猪（岩手县出产的品牌猪）,面包糠都是从本地的面包店里买来可口的面包自己加工的。因为加入植物油后食材会特别吸油,所以餐厅只用猪油来炸菜品。特级猪大排一般是用180℃的油温炸9分钟左右,对火候的把握全凭厨师的感觉。

出锅的猪排,瘦肉温润细腻,肥肉雪白剔透,秀色可餐。米饭是用新潟县岩船直送的越光稻米做的。外焦里嫩、鲜美多汁的猪排配上油亮油亮的大米饭,真是吃几碗都不够啊。

名牌猪肉和名牌大米联手，让吃货们幸福满满

①午餐时段供应的小里脊猪排定食，小里脊为110克的量，这分量刚刚好，而且还配了米饭、新腌小菜和猪肉汤。②两块炸小里脊猪排，两只炸大虾，还有炸扇贝的豪华组合，是下酒的人气单品。

③满满的一杯"久保田"千寿，所有的酒类都配了小吃柿种。④铃木是位单身汉，他曾说过"考虑要不要干到80岁再关门呢"。⑤店里的过道很宽，餐桌与餐桌之间的距离很宽松，感觉很舒适。

菜单

炸猪排定食	1300日元	炸小里脊猪排定食（午餐）	1050日元
炸小里脊猪排定食	1600日元	海蕴菜、新腌小菜	各300日元
特级炸猪大排定食	2100日元	清酒"日本盛" 180毫升	400日元
拼盘定食	2600日元	清酒"久保田"千寿 一杯	600日元
* 以上菜有如果只点单品的话，可减200日元		葡萄酒 300毫升	550日元
炸猪排定食（午餐）	950日元	啤酒 中瓶	550日元起

☎ 03-5703-3501

住 大田区西蒲田5-23-17
交 JR蒲田站西出口，步行五分钟
营 11:30—14:30（最后的点餐时间为14:30），
17:30—20:30（最后的点餐时间为20:30）
休 周三、周四
餐位 23位 包间 无 吸烟 可以（午餐时段禁烟）
预订 可以 刷卡 不可

为迎合日本人的喜好而出现的各色牛肉料理

　　日本人吃牛肉是从大力提倡文明开化的明治时代开始的。在认为"西方＝文明"的时代氛围中，食用牛肉作为饮食西化过程中的重要步骤而受到奖励。将牛肉与豆腐一起炖煮，并用酱油和糖来调味的菜肴就是寿喜烧。同为锅料理，日式涮锅起源于北京的涮羊肉。日式涮锅主要选用牛肉做原料，涮好的肉日本人会蘸着自己喜欢的芝麻酱汁（将研磨好的芝麻用酱油、甜料酒和砂糖稀释而成）和酸橙酱油来食用，味道比较清淡。涮肉可以去掉一部分肉的脂肪，从这一点来说还是很健康的。

　　说到牛肉，就一定会想到牛排，而用酱油和糖给牛排调味之后，将其放在米饭上食用的牛排盖饭又是由日本人发明的。他们还会将用酱油和糖煮过的甜咸口味的牛肉薄片放在米饭中做成牛肉饭，如今又便宜又好吃的牛肉饭已经成了日本人日常简餐的最佳选择。据说在美国，酱油加糖的照烧风味的牛排越来越受欢迎，这种有趣的现象能不能称为日式肉菜对西餐的一次逆袭呢？

　　在很多主营日式西餐的店铺里，炖牛肉、炖牛舌、咖喱牛肉和炸牛排这类菜式已经成了他们的主打菜。据说，以牛肉为原料的汉堡肉饼诞生于德国著名的城市汉堡，不过现在它已经摇身一变成了炸牛肉饼和汉堡包，并已成为学生餐厅和快餐厅里最受欢迎的单品了。

台东区·足立区·江东区·墨田区·葛饰区

浅草・藏前

西浅草三

浅草三丁目

・佐久良

GRAND

萬隆寺卍

雷 5656 会館

西浅草三丁目

言問通り

浅草寺病院

・馬道

浅草ビュー
・ホテル

ひさご通り

浅草花やしき

鳥多古

馬道通り

日輪寺卍

ウインズ浅草

浅草神社卍

浅草観音温泉

浅草賑わい
みゅーじあむ

卍浅草寺

浅草
駅

六区映画街

木馬館

台東区民会館
・二天門

五重塔

・宝蔵門

公園六区入口

楽天地ボウル

浅草二丁目

A1 浅草演芸ホール

浅草寺幼稚園

卍弁天堂

東武伊勢崎線

西浅草二丁目

・ROX
まつり湯

伝宝院

伝宝院通り

オレンジ通り

浅草中央通り

仲見世

松屋

浅草
駅

台東区

松波

浅草
公会堂

浅草一丁目

菊水通り

つくばエクスプレス

富士厨房

6・

・8

CHIYA

・雷門

雷門一

雷門通り

雷門

・1

隅田公園

吾妻橋

西浅草
一丁目

国際通り

並木通り

浅草
駅

吾妻橋

浅草局
〒

雷門一丁目

雷門仲通り

雷門二丁目

浅草駅

3・

寿四

田原小

田原町駅

・NTT 浅草

浅草通り
銀座線

駒形橋西詰

寿二

寿四丁目

駒形
一丁目

駒形橋

駒形橋東詰

浅草消防署・

駒形出口

隅田川

首都高速

寿三丁目

江戸通り

郡部浅草線

東駒形
一丁目

杉田

寿三

駒形入口

・A5

駒形
二丁目

墨田区

都営大江戸線

蔵前駅

厩橋

1 : 8,000

0   200米

地图上端为正北方向

御徒町

千代田線
上野
二丁目
銀座線
中央通り
ABAB
アメ横
山手
日比谷線
昭和通り

台東区
東上野一丁目

都営大江戸線
春日通り

文京区
上野
広小路駅
上野
御徒町駅
北口
2
上野
御徒町駅
京浜東北線
御徒町駅
松坂屋
1
蓬莱屋
南口

湯島駅
黒門小
本多
南館

仲御徒町駅

御徒町
台東中
御徒町公園

上野一丁目
上野三丁目
台東四丁目

上野公園

池之端
三丁目
東園
東京都美術館
噴水
国立科学博物館

恩賜上野動物園
上野公園
国立西洋美術館

東園駅
東照宮
東北
上越新幹線
首都高速
日比谷線

モノレール
京成本線
東

西園
上野精養軒
東京文化会館

西園駅
韻松亭
公園口
上野駅

水上動物園
日本芸術院
パンダ橋

弁天橋
清水観音堂
上野の森
美術館

弁天堂
ボート池
地下鉄千代田線
上野駅
上野署

不忍池
京成上野駅
銀座線
上野駅
上野駅

マルイ
シティ

根岸

香味屋
柏葉中
根岸小
柳通り

言問通り
根岸三丁目

元三島神社
台東区
下谷二丁目
日比谷線
昭和通り

山手・京浜東北線
根岸
一丁目
根岸三

3

鶯谷駅下
英信寺
法昌寺
入谷駅

寛永寺霊園
根岸一

南口

1:10,000

0   200米

地図上端为正北方向

95

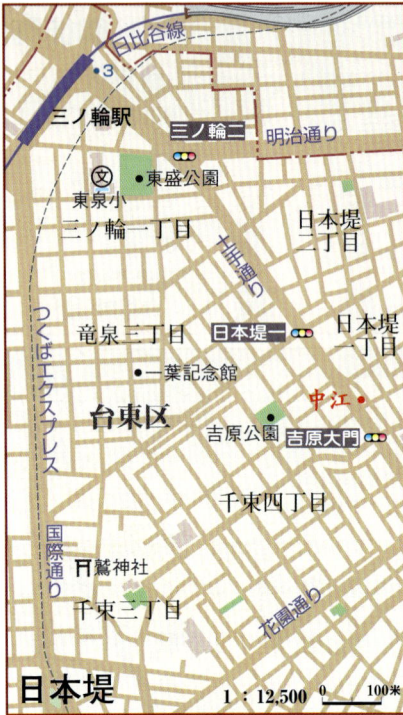

北千住

足立区

千住四丁目

日比谷線

3

三ノ輪駅

三ノ輪二 明治通り

東盛公園
東泉小

三ノ輪一丁目

日本堤二丁目

竜泉三丁目

日本堤一

日本堤一丁目

一葉記念館

台東区

中江

吉原公園 吉原大門

千束四丁目

国際通り

鷲神社

千束三丁目

花園通り

つくばエクスプレス

土手通り

氷川神社

千住三丁目 大橋 サンロード

千寿本町小 マルイ

きたろーど1010

千住二 ルミネ 西口

本町センター

千住二丁目

トポス

常磐線

千住一丁目

つくばエクスプレス

千住署

千住仲町

千代田線

川

北千住駅

東武伊勢崎線

日比谷線

日本堤 1：12,500 0 100米

赤羽・鹿浜

ダイエー 志茂駅

志茂

北鹿浜公園

精力苑 鹿浜

赤羽駅

元気プラザ

北本通り

南北線

鹿浜橋

鹿浜

環七通り

荒川

首都高速

北運動公園
Dマート

新田

足立区

神谷

宮掘

新神谷橋

隅田川

宇都宮線
京浜東北線

東十条

志茂駅

埼京線

王子

東十条駅

中十条

北区

十条駅

王子神谷駅

サミット

豊島

王子局

王子署

王子駅へ

王子駅へ

1：35,000 0 300米

1：10 000

96 （日本堤、赤羽・鹿浜、東向島除外）

0 200米

地図上端为正北方向

森下

新大橋二丁目

新大橋一丁目

新大橋三丁目

清澄通り

森下二丁目

菊川一丁目

墨田区

「美濃家

都営新宿線

森下駅前
A4

新大橋通り

江東区

森下駅

隅田川

森下一丁目

A6

都営大江戸線

山利喜

森下三丁目

八名川小

深川神明宮

江戸東京博物館

両国駅

両国駅

西口

両国駅

東口

総武線

隅田川

A5

両国一丁目

両国二丁目

両国三丁目

両国四丁目

緑一

緑一東

両国一

両国二

両国三

緑一

緑二丁目

京葉道路

清澄通り

野味屋

本所署

首都高速

両国シティコア

回向院

両国小

両国公園

緑一丁目

都営大江戸線

角家

墨田区

両国

白鬚橋

片山餐庁

墨田区

東向島五丁目

白鬚橋東詰

リバーサイド隅田

東向島四丁目

東武伊勢崎線

東向島

水戸街道

墨堤通り

向島中

隅田川

法泉寺

東向島北公園

首都高速

堤通一丁目

東向島三丁目

第二寺島小

東向島駅

向島百花園

百花園入口

东向岛

1：12,500　0　　100米

金町

東金町一丁目

東金町三丁目

葛飾区

イトーヨーカドー

喝

東急ストア

北口

ダイヤレーン

金町駅

常磐線

ラヴィクレール

金町五丁目

京成金町駅

金町六丁目

寿喜烧"梧"配的肉(图片所示为两人份的量),从内向外分别是上脑、眼肉、嫩肩

瘦肉也能做出招牌料理

CHIYA

　　店主祖上曾经从事兽医以及为将军、富商等代管宠物的营生,在江户时代,这种工作被叫作"狆屋"(日语发音为CHIYA)。直到明治13年(1880年)才转行开了饭馆,不过仍然保留了CHIYA这个称呼作为店名,到了明治36年(1903年)又转行开了寿喜烧(当时叫牛肉锅)专营店,从创业至今始终没有离开雷门跟前的这块风水宝地。如今餐厅已经风风光光地建起了一座七层高的钢结构大楼,除了本地客人,这里还有很多外地和外国的客人慕名而来,每天都有来自四面八方的客人聚集在此享用美食。

　　餐厅选择的黑毛和牛都经过了充足的育肥期,牛肉在进货之后要放入冰箱中进行长达三周的排酸之后才能使用,而最关键的还是要适合于店里的汤底和烹调手法。寿喜烧大多使用雪花牛肉做原料,原因是雪花牛肉就算过度加热也不易变硬。换而言之,就算是瘦肉,只要能够把握好煮肉的火候,同样也可以做出鲜嫩可口的寿喜烧。与雪花牛肉相比,没有雪花的瘦肉其实香味更加浓郁醇厚。要想好好品尝牛瘦肉(牛臀尖肉和牛嫩肩肉等)的风味的话,就一定得选CHIYA这样为客人悉心烹调的餐厅才行。

　　餐厅所用的汤底会根据温度和湿度等进行细微的调整,再加上甄选的牛肉和精准的火候,CHIYA用心出品的"三好"寿喜烧,只为让更多的客人满意而归。

牛肉、汤底、合适的火候，『三好』俱全的寿喜烧

① 牛肉"充分加热，但还泛着红色，且已经断生"，这时的肉吃起来最鲜嫩美味。②400日元一份的酱牛肉是最好的下酒菜，味道不是很甜，所以也适合搭配米饭吃。③原先的日式包间在铺了地毯之后，就变身成了西式包间"象泻"。无论日式还是西式，所有的包间都用和浅草有关的地名来命名。④带地炉下凹式的日式包间"花川户"小巧别致，非常舒适。

菜单

寿喜烧（涮锅）

"桐"（"兰"） …………………… 各8100日元
"枫"（"菊"） …………………… 各5500日元
"椿"（"萩"） …………………… 各3200日元

寿喜烧（涮锅）套餐

"藏前"（"三社"） ………… 各12000日元
"驹形"（"鸳"） …………… 各9000日元

"吾妻"（"鸟越"） ………… 各7000日元
樱桥套餐（午餐） ………………… 4300日元
清酒"菊正宗"樽酒　300毫升 … 1200日元
清酒"菊正宗"纯米　300毫升 … 1400日元
葡萄酒　半瓶 ………………… 3600日元起
啤酒　中瓶 …………………… 750日元起
* 服务费10%

☎ 03-3841-0010

🏠 台东区浅草1-3-4

🚇 地铁浅草站1号出口，步行两分钟

🕐 12:00—21:00（最后的点餐时间为19:00）*周日、节日时是11:30开门

🚫 周二（如果遇到节日或节前一天，则正常营业）

餐位 140位　包间 10间（140个餐位）吸烟 可以（三层和四层的大厅分吸烟区、无烟区）预订 可以 刷卡 可以

99

超顶级牛外脊"飞牛"，重量为 200 克，是为松波带来荣誉的极品牛排

重要的日子里所不可或缺的奢侈大餐

松波

　　餐厅厚重的铁门上部用玻璃和熟铁装饰成阿拉伯式的藤蔓花纹，穿过门前喧嚣的马路推门走进餐厅，店内宁静优雅的氛围让人犹如置身于另一个世界中。白色的墙壁、厚实的橡木餐桌，还有用布艺装饰的餐椅，左手边的就餐区域采用了简约的欧式装修风格。这边有三张中间覆盖着方形铁板台的六人桌，每张桌子都配有专门的厨师。无论是牛肉还是海鲜，厨师都会根据客人的不同需求，在面前的铁板台上对食材进行烤制加工。

　　在松波享用牛排还有一个乐趣，那就是可以体验不同级别的牛肉（虽然这么说，但这里可全都是高级的牛肉食材）的不同风味。醇香多汁的牛肉在舌尖融化的终极口感，便是超顶级牛外脊所带来的无上享受，它的品质已经超越了最高级特选黑毛和牛A5级，可以说是极品外脊肉。而顶级牛外脊就是我们所熟悉的最高级特选黑毛和牛A5级外脊肉了。除此之外，还有夏多布里昂牛排（牛里脊肉最佳的部分），它也是同级别的牛里脊。牛肉刺身选用的是最优质的黑毛和牛肉。快来松波吧，虽然这里的菜品价格不菲，但是这里的每一款美食都值得你豁出去享受一次啊。

与优雅端庄的客人同处一室，安静地享受顶级牛肉料理

①牛肉刺身4950日元一份，上面撒了小香葱，还搭配了水芹、洋葱薄片和萝卜泥，这可是高级牛肉的精华，生吃也别有一番风味。②活鲍鱼铁板烧，鱼肉Q弹滑嫩，就仿佛在口腔中跳跃一般。照片内侧为新鲜的活鲍鱼，一只8800日元。

③一层有三张围着铁板台的六人桌，每桌配一位专门的大厨。④二层的大桌餐位，围着超大的环形铁板台摆放着20组餐椅。

菜 单

超顶级牛外脊"飞牛" 200克 ⋯ 14300日元	清酒"贺茂鹤" 180毫升 ⋯⋯ 660日元
顶级牛外脊 200克 ⋯⋯⋯ 10780日元	烧酒 一瓶…芋烧、麦烧、米烧均
夏多布里昂牛排 150克 ⋯⋯ 10560日元	⋯⋯⋯⋯⋯⋯⋯⋯⋯ 5500日元
活鲍鱼铁板烧⋯⋯⋯⋯⋯⋯⋯ 时价	葡萄酒⋯⋯⋯⋯⋯⋯⋯一杯550日元，
（午餐特供）	半瓶2750日元起，整瓶4400日元起
牛排午餐 ⋯⋯⋯⋯⋯⋯⋯ 1575日元	啤酒 一杯⋯⋯⋯⋯⋯⋯ 550日元起
牛排组合 ⋯⋯⋯⋯⋯⋯⋯ 1890日元	* 所有的价格均已包含消费税和服务费

📞 03-3844-3737

🏠 台东区浅草1-11-6

🚇 筑波快线浅草站A1出口，步行一分钟；地铁田原町站3号出口，步行三分钟 🕐 11:30—14:00，17:00—次日1:00（最后的点餐时间为24:00）*周日、节日的营业时间为 11:30—22:00（最后的点餐时间为21:00）

🈳 无休 餐位 40位 包间 无 吸烟 可以
预订 可以 刷卡 可以

用王牌蔬菜肉酱沙司和牛五花肉经过长时间慢炖制作而成的炖牛肉，量大味美

弥漫着浅草摩登的余香

富士厨房

　　在后厨忙碌的店主上原章是位时尚的白发绅士，妻子上原满江是烹调助手兼大厅主管，干起活来动作麻利。两个人都很时髦。丈夫出生在深川，妻子出生在浅草，也许正是这里纯朴、快乐的市井文化塑造了他们爽朗而又不拘小节的性格吧。富士厨房是于昭和46年（1971年）在这里开业的，餐厅空间不大，有点儿像船舱，精致的陈设和温馨的氛围这么多年始终如一，轻声谈笑着的客人就像是在船舱里享用美食的旅人。

　　餐厅八成的营业额都来源于西式炖菜，所以自制的酱汁就成了店里的命根子。花费一周时间制作的蔬菜肉酱沙司会在接下来的一周内全部用掉，为了保证酱料的新鲜，即使用不完，也不会再使用了。酱汁做出来之后先要用于制作汉堡牛肉饼，之后要再用低温慢炖，去除所有不好的味道和多余的油脂，然后才能用来制作炖菜。炖牛肉要一直在锅里用小火咕嘟着，客人随点随上。而炖牛舌就不一样了，都是提前一天将原材料采购回来进行处理，待客人下单之后再根据数量切下一部分放在酱汁里煮。包裹着王牌酱汁的牛肉入口即化，牛舌也同样鲜美嫩滑。美味的食物让所有的努力都没有白费，相信这就是能够感动你的味道。

① 酥脆鲜甜的蟹肉可乐饼，一份有两大块。② 什锦沙拉量大，堆成小山的造型很有趣。内侧的是黄油卷，一个300日元。③ 两根牛舌经过8小时的炖煮已经完成了预加工，待降温之后会将其放入冰箱准备第二天使用。

④ 上原夫妇俩都气质不凡，丈夫像是一位高级船员，而妻子则像是一位弗拉明戈的舞者。⑤ 餐厅里温馨的室内设计和微暗的灯光，让初次光顾的客人也能像老客人一样乐在其中。

费时费力制作的炖菜专用酱汁，不愧是餐厅的命根子

菜 单

炖牛肉	2500日元	蟹肉沙拉	1450日元
炖牛舌	3000日元	芦笋沙拉	1000日元
汉堡牛肉饼	1250日元	清炖肉汤	450日元
嫩煎猪肉	1400日元	清酒"剑菱" 德利壶180毫升	450日元
蟹肉可乐饼	1350日元	葡萄酒	一杯500日元，
炸基围虾	1550日元		半瓶1600日元，整瓶2800日元起
什锦沙拉	1000日元	啤酒 中瓶	600日元

📞 03-3841-6531

🏠 台东区浅草1-20-2

🚇 地铁浅草站1号出口，步行两分钟

🕐 12:00—15:00（最后的点餐时间为14:30），17:30—20:00（最后的点餐时间为19:30） 🈺 周二、周三（遇到节日照常营业）

餐位 15位 包间 无 吸烟 可以（午餐时段禁烟）

预订 可以（周六、周日除外） 刷卡 不可

鸡滑汤锅套餐的主菜碟，鸡滑选用的是那须高原的土鸡（图片所示为2人份的量）

自带法式面包造访的餐厅

鸟多古

马道大街往西一点儿，在浅草寺后面一带的商业街里有一片安静的民居小屋，鸟多古的大灯笼在这里特别显眼。餐厅于昭和初年开业，如今还在坚守招牌的是已故二代掌门增田丰澄的妻子增田惠美子女士。她告诉我们，餐厅的菜肴无论是食材还是烹调方法，全都"按我先生教的来做，和我先生生前做的味道一模一样"。

餐厅是完全预订制的，每天只接待五桌客人。打电话预订的时候必须要在鸡滑汤锅套餐和杂交鸭汤锅套餐中选择一种。每种套餐都是两位起订，除了主菜汤锅，这里还会配上烤鸡串、青芥末生拌鸡肉、乌冬面、新腌小菜和应季水果等。每桌超过三个人的话，餐厅还会附赠拿手的清酒蒸菜，这绝对是一道满足感爆棚的附加菜，记得要配上自带的法式面包一起享用哦！

餐厅内萦绕着昭和时代的怀旧气息。墙上的照片里，增田丰澄先生正在和猫咪嬉戏。一瞬间你差点儿忘了自己是在餐厅用餐，就好像是在品尝慈爱的妈妈亲手为自己烹调的汤锅一样，温热可口……

用新鲜的食材和用心的烹调
制作出来的各种精美套餐

①用备长炭烤制的鸡串,从里向外分别是盐烤鸡肝、酱烤鸡肉和肉丸,其中鸡肉串可以配着萝卜泥一起吃,而其他两串直接吃就可以了。②鸟多古的名馔"清酒蒸菜",将大块鸡腿肉切成一口大小,拌上塔塔酱放在法式面包上吃,这才叫独一无二的美味。

③青芥末生拌鸡肉从下往上分别是鸡胸肉、鸡胗和青芥末。鸡胸肉的粉色配上鸡胗的亮红色,特别好看。④餐厅的装修风格是轻松随性的日式风格,与观音里一带的氛围相当契合。

菜 单 〰〰〰〰〰〰〰〰〰〰〰〰〰〰〰〰〰〰〰〰〰〰〰〰〰

鸡滑汤锅套餐　一人份…………5565日元	烧酒　均为整瓶的
杂交鸭汤锅套餐　一人份………6615日元	翁之醒　米烧酒……………… 3255日元
清酒　均为300毫升的量	野兔子的奔走　陈酿米烧酒… 6825日元
浅草观音里　纯米………… 893日元	葡萄酒……………… 半瓶2100日元起,
出羽樱水面音　吟酿生……… 893日元	整瓶4410日元起
	啤酒　大瓶…………………… 630日元

〰〰

📞 03-3844-2756
🏠 台东区浅草2-32-1
🚇 地铁浅草站6号出口,步行七分钟
🕐 18:30—21:00(最后的点餐时间为20:45)
🚫 周日、节日
餐位 17位 包间 无 吸烟 可以
预订 须电话预订 刷卡 不可

西式炖牛肉里的牛五花经过6个小时的焖煮已经软烂无比了，酱汁已浸入牛肉的肌理中，香气四溢

家庭式私房西餐

GRAND

昭和16年（1941年），GRAND开业的时候就是在现在的这个位置、现在的这栋楼里。餐厅的建筑在20年前经过一次大改造，但昔日里其乐融融的亲热气氛却依然无处不在。

现在餐厅的经营由二代店主坂本让一和妻子坂本洋子，以及儿子坂本良太郎、儿媳坂本真澄来负责。这家市井气息浓郁的家庭餐厅待客非常直爽随意，让人感觉很舒服。不过餐厅对于菜品的要求绝对是一丝不苟的。

店里用的牛肉都是从常年合作的批发商那里进货，而且只选用和牛最高级的里脊肉。猪肉都是肉质细软、脂肪回甘的岩手县白金猪。鸡肉也来自岩手县，是没有过多筋肉的、嫩滑爽口的菜彩鸡。有了这些精挑细选的食材，再加上坂本良太郎在法国和意大利等地修习的精湛厨艺，真可谓双剑合璧。GRAND的菜肴吃起来有一种家的味道，无论是酱汁、搭配用的蔬菜还是其他食材，都像是为家人精心准备的，可口又贴心。不光是多年光顾的老客人和观光客喜欢这里，就连很多著名的美食家也经常慕名而来。

传达热情与活力的平民美食，倾注了情感与创意的肉料理

① 用白金猪制作的炭烤猪排，使用了160克的梅花肉。用香醋汁儿和橄榄油拌的西红柿酸甜可口，是鲜嫩猪排的最佳拍档。② 小粒炸生蚝丰腴多汁，一口一个，这样吃才能让汤汁完全爆在嘴里。

③ 精神矍铄的二代店主坂本让一（右）和儿子坂本良太郎。④ 餐厅内部的装修选择了明亮的浅咖色，希望能够吸引更多的女性客人，而且每个季节都会更换花色不同的桌布。⑤ 墙上悬挂的餐厅徽章是用猪皮制作的。徽章的形状就像是一个牛头，三色的设计灵感来源于法国国旗。

菜 单

西式炖牛肉	3150 日元	炸小里脊	1890 日元
炭烤白金猪	1890 日元	炸土鸡肉排	1570 日元
炸生蚝	1470 日元	清酒"菊正宗" 360 毫升	1050 日元
炸牛里脊	4200 日元	清酒"菊正宗"冷酒 300 毫升	840 日元
牛肉洋葱盖饭	2100 日元	葡萄酒 一杯 630 日元，	
（午餐）配米饭、汤和饮料		半瓶 1570 日元起，整瓶 2410 日元起	
炸猪排	1780 日元	啤酒 中瓶	630 日元

📞 03-3874-2351

🏠 台东区浅草3-24-6

🚇 筑波快线浅草站A1出口，步行七分钟；或地铁浅草站6号出口，步行十分钟 🕚 11:30—14:00（最后的点餐时间为14:00），17:00—21:00（最后的点餐时间为21:00）*周六仅17:00—21:00营业（最后的点餐时间为21:00）

🈺 周日（节日不定休）餐位 60位 包间 5间（43个餐位）

吸烟 可以 预订 可以 刷卡 可以（需消费5000日元以上）

西式炖牛肉量大实惠，香气柔和的蔬菜肉酱沙司配米饭，好吃得停不下来

服务、环境、美食样样暖人心

佐久良

　　昭和42年（1967年），富坚正和与富坚幸枝夫妇二人从总店分离出来，自己开了这家店，昭和49年（1974年），他们继承了总店的招牌，之后便一直都是他们两个人相互扶持，经营着佐久良。餐厅远离马路，是个闹中取静的好地方。复古的玻璃门、煤气灯，还有被岁月打磨得发亮的吧台，这些无一不在静静地诉说着夫妇二人几十年来相濡以沫的故事，让人动容。就像照片里所呈现的那样，这里的每一道菜看上去都是暖暖的感觉。

　　西式炖牛肉和牛排选用的是信州志贺高原上吃苹果长大的林檎牛，软硬适中，香味浓郁。嫩煎猪排和炸猪排三明治只选用小里脊来制作。

　　西式炖牛肉的牛五花入口即化，蔬菜肉酱沙司是用几十年的老汤熬出来的，香飘十里。而另一道主厨拿手的小里脊一口炸猪排，则是这里"不知名的名菜"，听说还有客人在佐久良吃了40年，就是为了品尝这道炸猪排。这里的常客跨越了两代甚至三代人，陌生的面孔大多都是风闻口碑而来的外国客人。老两口还高兴地告诉我们："餐厅后继有人了，19岁的孙女将来会接着做下去。"

由夫妻二人协力打造的口味丰富的『小街西餐』

①超级嫩煎猪排分量为200克，猪排生的时候有3厘米厚，上桌之后也有2厘米厚，而且还搭配了菠萝等丰富多彩的配菜。有的铁杆粉丝每周都会从很远的地方赶过来享用美食。②炸猪排三明治是年轻人喜欢的单品。超厚版炸小里脊也许会让你望而生畏，但相信试过之后，你会觉得很惊喜。③富坚夫妇微笑着对我们说"这儿就是我们俩的城堡"。④吧台上面用彩绘玻璃装饰的古典吊灯射出优雅的光晕。

菜 单

芝士焗炸牛里脊	7500日元	西式炖牛肉	2100日元
小里脊一口炸猪排	1900日元	炖牛舌	2300日元
芝士焗炸鸡排	1400日元	炸猪排三明治	1400日元
扒牛里脊	8500日元起	葡萄酒	250毫升的小瓶1000日元，
炭烤拼盘	2600日元		半瓶2000日元，整瓶3000日元
嫩煎猪排	2100日元	啤酒 中瓶	550日元
煎汉堡牛肉饼	1400日元		

☎ 03-3873-8520

住 台东区浅草3-32-4
交 地铁浅草站6号出口，步行12分钟
营 11:30—14:00，17:00—20:30（最后的点餐时间为20:00）
休 不定休
餐位 16位 包间 无 吸烟 可以
预订 不可 刷卡 不可

将圆柱状的整条小里脊直接裹上糊炸，切开一看竟然这么厚，不过确实弹嫩，而且回味清爽

由两代夫妇共同经营的人气餐厅

杉田

　　佐藤史郎和佐藤美津枝夫妇是杉田的创始人，现在他们俩和二儿子佐藤光朗、二儿媳佐藤深幸，一家四口热热闹闹地经营着这家猪排店。以灰色和黑色为主调的装修，让这里看上去就像一家很小资的日料店，但佐藤深幸背着儿子佐藤光一在店里忙前忙后的样子，又让人有种回家的亲切感。邻家阿姨来这边吃饭，看到小宝贝笑得都合不拢嘴了。没有刻意，也没有做作，所有的一切都是那么自然，让人心里特别舒服。

　　餐厅坚持全手工制作，圆白菜要手工切丝，就连猪排专用的辣酱油都是用各种配料自己调制的。生火腿的要求也很多，必须向厂家特别订货。当然猪肉是不能自产的，但品牌也不能含糊，而且全都要老板亲自过目挑选。

　　猪排必须要经过二次复炸。店里的煎炸油只用荷兰产的猪油，130℃的油温和160℃的油温要分开使用。小里脊要先在低温的油里慢炸十分钟，取出后再放入高温的油里炸五分钟左右，待外皮酥脆时捞出。餐厅的常客里有超过90岁的阿婆，她们也会像年轻人一样点上一块炸猪排，咔嚓咔嚓风卷残云地吃光。要是你恰巧瞄到了这样的情景，是不是也会忍不住想要多吃几块呢？

経过高、低温二次炸制的猪排，竟然是90岁高龄的老奶奶的最爱

①猪大排饱满的脂肪微甜适口，让人吃不够。②鸡蛋卷是用三只奥久慈产的新鲜鸡蛋制作而成的。③用一只野生大对虾制作的炸大虾（图片所示的重量约为110克，价格为2000日元），鲜甜可口，吃起来让人很有满足感。

④制作沙拉用的生火腿，是餐厅指定了盐的含量，并用特别指定的猪大排加工制作而成的。⑤左右两边是佐藤史郎和佐藤美津枝，中间抱着孩子的是佐藤光朗和佐藤深幸夫妇。⑥图片所示的细长的杉木吧台位，里面还有榻榻米就餐区。

菜单

炸猪排　小里脊	2100日元	猪肉汤		200日元
大排	1800日元	米饭		300日元
嫩煎猪排　小里脊	2200日元	清酒"扶桑鹤"特制纯米　180毫升		
大排	1900日元			600日元
炸大虾	时价（按克重计算）	清酒"神龟"冷酒　300毫升		1400日元
鸡蛋卷、沙拉	各1200日元	啤酒　中瓶		600日元起

☎ 03-3844-5529
🏠 台东区寿3-8-3
🚇 地铁藏前站A5出口，步行一分钟
🕐 11:30—14:00（最后的点餐时间为14:00），17:00—20:30（售完为止）
🈺 周四（每月有一个不固定的周三休息）
餐位 24位　包间 无　吸烟 不可
预订 可以　刷卡 不可

111

重量级牛舌经过4个小时慢炖制成的西式炖牛舌，香菇作为配菜，给这道西式料理加了一点儿日本味儿

那些温暖心灵的人和食物

本多

　　本多这个名字容易让人联想到猪排屋什么的，其实这是一家地地道道的西餐厅。明治38年（1905年），餐厅的创始人曾经在旧宫内省做过西餐厨师。如今的四代店主岛田良彦也在山上酒店学习过三年的西餐。就连餐厅的招牌菜炸猪排也系出名门，据说是由创始人从"维也纳小牛排"这道著名的西餐中获得灵感而创作的。

　　现在，餐厅由岛田良彦、妻子岛田治子，以及岛田良彦的弟弟、弟媳，还有在本多一干就是40年的老员工大畑学一起悉心经营，可真是温情满满的全家总动员啊！

　　餐厅提供的蔬菜肉酱沙司是从三周前就开始加工制作的，当它与柔软的牛舌融为一体时，便成就了一道令人回味悠长的菜品——西式炖牛舌。炸猪排鲜香酥脆，选用了厚度为2厘米的大排制作而成，清淡的外皮与肉排结合得很扎实。本多的菜品每样都很可口，酱汁配米饭更是好吃得无法形容。

量多、味纯，继承了西餐纯正血统的肉料理

①肉质紧实的嫩煎猪排，一人份的量为250克！猪排需要煎制15分钟，最后再浇上自创的日式酱汁。②炸猪排（200克）只选猪大排中最好的一块，将其在低温的油中炸10分钟左右，令浅色的外皮紧紧地包裹在肉排上。③从右边起分别是大畑学、岛田良彦、岛田治子和雅之。④二层的餐桌位，墙上挂着著名画家奥村土牛的作品，装修风格是闲适恬淡的纯日式风格。

菜 单

炸猪排……………………	2625日元
西式炖牛舌……………………	4200日元
嫩煎猪排……………………	3675日元
大虾可乐饼……………………	2625日元
炸生蚝……………………	2625日元
黄油煎文蛤……………………	3150日元
炸星鳗……………………	3675日元

〔下酒菜〕

赤贝、墨鱼……………………	各2625日元
小金枪鱼……………………	3675日元
蒸鲍鱼……………………	时价
米饭＋红味噌汤＋新腌小菜……	525日元
清酒 "菊正宗" 180毫升……	735日元
红酒 半瓶……………………	3150日元
啤酒 中瓶……………………	735日元

📞 03-3831-2351

🏠 台东区上野3-23-3

🚉 JR御徒町站南出口，步行三分钟

🕐 11:00—14:00，16:30（周日、节日时为16:00）—20:00

🈹 周一（遇到节日时次日休息）

餐位 24位 包间 1间（10个餐位）吸烟 不可

预订 可以（4位以上）刷卡 可以

炸小里脊定食，超厚的猪排经过两次炸制，令外皮完美地锁住了所有的鲜味

颇受文艺界人士钟爱的平民美食

蓬莱屋

　　大政3年（1914年）那会儿从开街边摊起家，昭和3年（1928年），蓬莱屋与同年开业的甜品店福助成了邻居。昭和25年（1950年）到昭和27年（1952年）期间，两栋精巧雅致的小楼建成，它们比肩而立一直到现在，成了一道颇具市井气息的风景线。

　　因为在开业之初客人们便对炸小里脊赞不绝口，所以一直以来小里脊都独占着餐厅的肉食进货单。餐厅每天都会用生肥膘自制猪油，然后将其与牛油按照1∶1的比例混合成煎炸油，再根据需要设置成210～220℃的高油温和180℃左右的低油温。猪排要先用高温的油炸1～1.5分钟，这是为了能够尽快将表皮锁住，以防止肉汁流失。然后再改用低温的油慢慢炸制，毕竟是这么厚的一块猪排。加上最后焖的时间，这道菜品总共大概需要13分钟的时间才能制作完成，相当费时。

　　猪排的外皮有着令人食欲大增的焦黄色，薄薄的一层香脆适口。猪肉溢出了温热鲜美的汤汁，那香气会直达你的鼻腔。"以平常的方式烹制平常的美食"，像炸猪排这种市井的味道，却让小津安二郎和安藤鹤夫等文化人爱不释口。

自
制
煎
炸
油
的
执
念
，
成
就
了
一
招
鲜
的
家
传
猪
排

①一口炸猪排。两口就能吃掉一块的炸小里脊，一共有五块。不要只看外表，惊喜全在味道里。②大葱配猪肉的炸串是这里的人气下酒菜。③一层只有厨房和一个能坐九个人的L形吧台。墙上挂的匾额是安藤鹤夫写给餐厅的题词。

④ 在二层的榻榻米就餐区感受淡淡的昭和情怀，这一层大概有30个餐位。这样的陈设布置就好像是在《海螺小姐》(日本的国民级动漫，连载始于昭和时代)里见过的那样。

菜 单

炸小里脊(一口炸)定食 …… 各2900日元		味噌汤…………………………… 200日元
炸串定食………………………… 1900日元		* 油炸食物可以打包带走
炸小里脊、一口炸…………… 各2500日元		清酒"菊正宗"特撰 180毫升 700日元
炸串 一串儿 …………………… 350日元		啤酒 大瓶 ………………………… 700日元

☎ 03-3831-5783

住 台东区上野3-28-5

交 JR御徒町站北出口，或地铁上野广小路站2号出口，分别步行一分钟

营 11:30—13:30（最后的点餐时间为13:30），17:00—19:30（最后的点餐时间为19:30）*周日、节日的营业时间为16:00—19:00（最后的点餐时间为19:00） 休 周三

餐位 39位 包间 无 吸烟 不可 预订 可以 刷卡 不可

制作鸡肉寿喜烧，餐厅只选用新鲜光润的大山土鸡鸡腿肉做原料（图片所示为四人份的量），配菜也很有特色

在高雅的餐厅品尝名冠东京的鸡肉料理

韵松亭

　　餐厅创立于明治8年（1875年），紧邻上野公园内宽永寺的"时之钟"而建。日本俳句大家松尾芭蕉曾有名句曰"樱如云霞晚钟远，上野浅草孰打点"，其中上野的钟声指的就是这里。由于宽永寺内的钟声响彻松林的景象太过动人，因此餐厅便取名为韵松亭。平成15年（2003年），韵松亭曾经历过一次大改造，不过，吧台上方交错的粗房梁、久经时间打磨的木板台阶和走廊、茶室风格的包间……这些却都得以保留了下来。如今的建筑越发彰显出高贵而沉静的气质和古意盎然的美。

　　韵松亭选用鸟取县产的大山土鸡进行烹饪，使用鸡腿肉做成的鸡肉寿喜烧清淡爽口，回味鲜美。洋葱和野生水芹、自制油豆皮和道明寺面筋（鲜面筋），这些配菜看似平常但却非常用心。餐厅的女服务员于举手投足间所展现出的自信优雅，让客人感觉踏实、舒心。

　　这样的建筑、这样的美食、这样的待客之道，却没有餐位费、服务费，不禁让人感叹老板的慷慨。在餐厅入口处的左侧还开了一家纯日式的甜品店，这里的甜品连配料都是手工自制的。当然，你也可以在这里品尝到很多韵松亭的美食。

自制豆腐、油豆皮、生面筋……为鸡肉寿喜烧套餐锦上添花

①鸡肉寿喜烧里包含的鸡肉沙拉（右前）、日式蛋羹（左前）、烤鸡翅（图片所示为一人份的量，套餐里的是这一半的量）。②鸡肉寿喜烧里包含的鸡滑（图片所示为两人份的量），配菜是大葱、吉野葛加工的葛粉条、自制豆腐。

③福寿和国稀都是适合与鸡肉寿喜烧搭配的本地清酒，客人只要点够720毫升的量，餐厅就会用图片中所示的片口小碗将酒盛好了端上来。④复古吊灯发出的柔和光晕映在玻璃窗上，浪漫的吧台位是晚餐的最佳选择。⑤对着走廊的是一间拥有四张半榻榻米的四人包间，把餐桌拿走就是一间标准的茶室（四张半榻榻米是7.29平方米，属于日本茶室的标配）。

菜 单

鸡肉寿喜烧套餐…………"樱"5300日元，"银杏"6300日元	鸡肉寿喜烧 一人份……………………2100日元（两份起点）
宴席……"牡丹"6300日元，"葵"8400日元	清酒"国稀"本酿造 180毫升…… 680日元
特别限量套餐………… 铁板烧15800日元	清酒"福寿"大吟酿 180毫升…… 1600日元
三层茶罐便当（午餐）………… 1680日元	烧酒一杯530日元起，一瓶5300日元起
花筐套餐（午餐）………"雪"1890日元，"月"2600日元	葡萄酒…………………… 一杯520日元，半瓶1680日元起，整瓶3150日元起
油豆皮刺身………………………… 1000日元	啤酒 中瓶……………………… 700日元
老豆腐…………………………… 900日元	

03-3821-8126

台东区上野公园4-59

地铁上野站公园出口，步行五分钟

11:00—16:00（最后的点餐时间为15:00，便当的最后销售时间为16:00），17:00—23:00（最后的点餐时间为22:00）
*周日、节日时为22:00关门（最后的点餐时间为21:00）

无休 餐位 180位 包间 15间（150个餐位）

吸烟 可以（有无烟区）预订 可以 刷卡 不可

117

西式炖牛肉软到可以用筷子分割，推荐与法国的 AOC 罗纳河干红一起享用

始终扎根于根岸的名店

香味屋

　　一代店主在大正14年（1925年）创业，后来便在现在的位置开了这间正儿八经的西餐厅。因为距离电车和地铁都不算近，所以经常有客人抱怨"交通不方便"之类的。不过也有很多本来就住在附近的客人觉得"这不就是咱们根岸的餐厅嘛"，所以也无所谓什么交通了。客人中还有不少老相识虽然早就搬离了根岸一带，但却还是会父子两代、祖孙三代回到香味屋来就餐，真是令人欣慰。

　　香味屋正对着绿树成荫、宁静怡人的柳通大街，从外观上看起来十分简朴低调，不过一层、二层的大厅却都洋溢着高雅温馨的南欧风情，落座后便会感受到发自内心的愉悦和放松。

　　餐厅始终严守"热菜趁热，冷菜凉食"的原则，同时坚持按顺序上菜。而在用餐高峰时段，后厨忙碌得就像是一个战场一般，想要做到坚守原则实在不容易。但不管怎样，餐厅还是做到了口味和服务都以客人为中心。即便你与朋友相谈甚欢，也千万不要错过在最佳的时间享用菜肴，不然厨师一定会很伤心的……用心烹制的美食值得你去尊重！

从根岸不断向外延伸的顾客圈，还在不断邀请新朋友的加入

①胖乎乎的炸肉饼用牛肉馅和猪肉馅混合制成，口感绵密多汁，还是餐厅王牌蔬菜肉酱沙司的好搭档。②汉堡牛肉饼上布满了浓稠的蔬菜肉酱沙司，吃起来醇香鲜甜。肉饼扎实，即使使用餐刀来分割，也不会散。

③一层的大厅以天然木材的褐色与冷白色为主基调。墙上装饰着法国画家比费和法籍日裔画家藤田嗣治的作品，与装修融为一体。④二层的大厅采光极好，天花板上还做了圆角设计，说不清是什么原因让人想到了整洁的教堂。

菜 单

西式炖牛肉	3000日元	定食	6500日元，8500日元，9500日元
煎汉堡肉饼、炸肉饼	各2000日元	特制西餐便当	3150～5250日元
炸猪排	2300日元	清酒	800日元起
炸鸡排、牛肉三明治	各2000日元	葡萄酒	一杯700日元起，
煎牛外脊	9000日元起	半瓶1800日元起，整瓶3500日元起	
迷你牛排	4800日元	啤酒 中瓶	800日元

03-3873-2116

住 台东区根岸3-18-18

交 地铁入谷站3号出口，步行五分钟；JR莺谷站南口，步行十分钟

营 11:30—21:30（最后的点餐时间为21:30） 休 无休

餐位 88位 包间 无 吸烟 不可

预订 可以 刷卡 可以

为了将肉的醇香和鲜甜更好地释放出来，在最上面又铺了一层五花肉的肥油

味噌调料是马肉锅的撒手锏

中江

明治38年（1905年）开业初期，餐厅紧邻吉原的大门。和周边其他做餐饮的同行一样，来光顾的全都是往返于吉原，在这里歇脚的男性客人。而现在，同时期的餐厅就只剩下中江一家了。据四代店主中江白志透露，因为马肉是健康肉食，而且又具有美容的效果，所以"现在女性客人起码占了一半，甚至更多呢"。

马肉锅使用的汤底是味噌汤底，这是一代店主的创意，为的是有别于其他的餐厅。味噌在锅里慢慢化开，香气越来越浓，让人有点儿垂涎欲滴了。将马背肉或里脊肉快速下锅，当肉呈现出樱花般的颜色时就赶紧捞出来吃吧，而五花肉和肥油部分则需要慢慢炖煮，直到脂肪呈现出透明的焦糖色时再捞出来吃，因为这个时候才最好吃。

这座于大正13年（1924年）由专门承建神社寺庙的木工打造出的商铺建筑在如今看来是极为珍贵的，每晚客人们都在此欢声笑语，吃得好不热闹。也有不少女性食客看上去柔弱，可一到这里就变身成了大胃王，吃得停不了嘴。

在专业牧场经过多年饲养育肥的马肉，可用来做汤锅、刺身或者煎烤，无所不能

①马肉刺身用的是马背肉，要是用牛肉来做的话，这部分相当于牛外脊，也就是马鞍子下面的那个位置。不配大蒜，而是用马肉卷着生姜和洋葱，稍稍蘸一点儿酱油来食用。②用拍松后的马瘦肉制作马肉塔塔是画家冈本太郎的主意，肉的鲜甜和芝麻油的香味混合在一起很出彩。③餐厅只提供用纯米酿造的高级清酒。

④鞋柜寄存牌至今仍在使用。⑤在大厅中间的宽敞通道上铺着木地板，一直延伸至一层的榻榻米座位处。墙壁上挂着的画临摹的是江户时代著名画家谷文晁的水墨画，画中的骏马栩栩如生。

菜单

马肉锅 各100克	马背肉 1700 日元，五花 2400 日元，里脊 2500 日元，雪花肉 3600 日元	马肉寿司 两个	800 日元
		配菜	560 日元
		鸡蛋	100 日元
马肉刺身	马背肉 2000 日元，雪花肉 3600 元	马肉锅鸡蛋盖饭	420 日元
		清酒"神龟"特别纯米 德利壶	860 日元
马肉塔塔	1400 日元	清酒"伯乐星"特别纯 一杯	780 日元
铁板马肉 80克	1800 日元，250克 5600 日元	烧酒"最悠闲"500毫升	1800 日元
		啤酒 中瓶	600 日元

☎ 03-3872-5398

🏠 台东区日本堤1-9-2

🚇 地铁三轮站3号出口，步行九分钟

🕐 17:00—23:00（最后的点餐时间为22:00）*周六、周日、节日的营业时间 11:30—22:00（最后的点餐时间为21:00） 休 周一

餐位 80位 包间 无 吸烟 可以

预订 可以 刷卡 可以

几乎是桌桌必点的什锦牛杂，烤好后要马上食用

用执着的口味吸引顾客

精力苑

　　想要到达精力苑，从最近的地铁站打车过去至少需要十分钟的时间，其周边也没有其他像样一点儿的餐厅。就算是说句客套话，这里也与时尚、漂亮之类的词语沾不上边，可是每天晚上，餐厅的门前还是会排成长龙。

　　餐厅在现在的位置已经经营了超过35年的时间了。"客人特意跑到这么个穷乡僻壤之地来吃我的烤肉，不拿出点儿好东西怎么行呢？"老板丰岛雅信是这么说的，"优质的牛肉只要你肯花钱就能买得到。而内脏的价格基本都是固定的，优劣好坏全靠自己来判断。"正如丰岛雅信所言，每次进货时，他都要调动起全身所有的感觉来挑选品质最好的牛杂。比如牛肝，为了更加准确地鉴定它的颜色、气味和肉质，他通常会把一头牛的整个肝脏紧紧抱住，然后把脸凑过去或者干脆就把脸埋进去。就是这样费劲选出来的最好的牛肝，"能给客人用的也就只有一半吧"。

　　眼前烤炉上摆着的都是丰岛雅信精挑细选出来的牛杂，真是软嫩鲜香，肥而不腻，那无与伦比的美味仿佛能穿越舌尖一般，深深地印在你的心里。

牛杂的品种和味道让人赞不绝口

① 超有气场的特选上等牛眼肉雌大飞（大飞就是指在最高级的牛肉中都很难弄到的极品），要蘸着酱油和青芥末食用。② 连细节都很完美的特选上等牛五花，一片约1200日元，点几片都可以，配着米饭吃味道非常不错。③ 丰岛雅信说："我已经把全部的注意力都集中在牛杂上了。"

④ 什锦牛杂包括牛大肠、生肠、牛心、牛百叶和牛皱胃。
⑤ 店内的装修和陈设都是以实用为目的的。

菜 单

特选上等牛眼肉	8000～11000日元	牛心、牛百叶、生肠	各700日元
特选上等牛五花　一片	约1200日元	手工制作的杏仁豆腐	350日元
上等牛眼肉、上等牛五花	各2200日元	清酒"菊水"无冠帝　180毫升	650日元
带骨牛五花	1600日元	清酒"八海山"纯米吟酿　180毫升	
特等横膈膜肉、上等牛舌	各1700日元		1000日元
上等牛肚尖	1050日元	烧酒　一杯	650日元
什锦牛杂	1500日元	啤酒　大瓶	600日元
牛皱胃、牛大肠	各850日元		

☎ 03-3897-0416
🏠 足立区鹿滨3-13-4
🚃 JR王子站北出口，打车过去的话需要十分钟的车程
🕐 17:00—23:00 *周六、周日、节日时的开门时间为16:30
休 周一、周二
餐位 13位　包间 无　吸烟 可以
预订 不可　刷卡 不可

千住名菜红烧牛肉和金宫烧酒谁也离不了谁，烧酒还会搭配一小壶梅子汁

号称"千住第二"的居酒屋老铺

大桥

　　明治10年（1877年），一代店主在千住大桥边上创业，之后不久就搬到了现在的位置。餐厅装饰得十分古朴典雅，并在局部保留了昔日建筑的房梁等，让人完全想不到这是一栋于平成16年（2004年）才建成的房子。从祖父那代白手起家，到父亲和哥哥接班经营，再到今天的自己，现在的四代店主神野彦二一心只想守住两样东西，一样是这东京数一数二的居酒屋老铺的金字招牌，还有一样就是红烧牛肉不变的好味道。

　　听神野彦二说，"原本这里只是一间肉铺兼小饭馆，只是有一次碰巧把做牛肉饭切剩下的碎肉用清淡的汤汁炖煮，又试着加了豆腐进去。后来就做出了名气"。没有豆腐，就是红烧牛肉，加了豆腐，就是牛肉豆腐。

　　开业至今，大桥从不使用牛杂，红烧牛肉只选用牛上脑做原料，将其一块一块切成骰子的形状（也有一些不太规整的）。肉吃起来很有嚼劲，还带有点儿甜滋滋的味道。不同于牛肉筋道的口感，吸满了汤汁的豆腐已经悄悄融化在嘴里了，两种食材配合得天衣无缝。餐厅门口的招牌上写着"千住第二"。第一是谁，那还用说吗？吃着红烧牛肉，品着金宫烧酒，那些每天都会光顾大桥居酒屋的客人才是第一啊！

红烧牛肉和牛肉豆腐，两道名菜吸引了无数的食客

①千住名菜牛肉豆腐，肉的鲜味已经完全浸入豆腐中了。北豆腐是大桥半个多世纪以来不变的选择。②自制的蟹肉可乐饼（内）和猪肉大葱炸串，全都是用色拉油炸的。③始终坚守着金字招牌的神野彦二。④吧台对面的架子上放满了为客人代存的金宫烧酒。⑤店内的设计留出了宽敞的走道，就算客人蜂拥而至，也不会感到局促。

菜 单

千住名菜	
牛肉豆腐、红烧牛肉………	各320日元
自制蟹肉可乐饼、自制炸扇贝红薯饼	
………	各480日元
炸串………	420日元
柳川锅………	950日元

金枪鱼刺身、鲹鱼刺身………	各550日元
清酒"山形正宗" 150毫升 …	320日元
清酒"山形正宗"新鲜酿造 300毫升	
………	680日元
金宫烧酒 600毫升 ………	1250日元
啤酒 大瓶 ………	500日元

📞 03-3881-6050

🏠 足立区千住3-46

🚉 JR、筑波快线、东武铁道伊势崎线、地铁北千住站西出口，步行五分钟

🕐 16:30—22:30（最后的点餐时间为22:15）

🈺 周日、节日

餐位 45位 包间 无 吸烟 可以 预订 不可 刷卡 不可

早上9点就开火制作的炖菜，上桌时已经特别软烂了，和蒜蓉面包一起吃的话，肯定不能少了红酒

伪装成小酒馆的知名餐厅

山利喜

　　每天晚上5点钟，只要山利喜一开门，下了班的工薪族便会接踵而来，不一会儿店里便没有空座位了。店里到处都是大口吃着猪肉串和炖菜，嘴角挂着啤酒泡沫，正在谈笑风生的大叔，这里简直就是他们的乐土。

　　一代店主于大正13年（1924年）开始创业，直到昭和23年（1948年）前后才在现在的地方开了这家餐厅。与山利喜隔着几间铺子的是马肉料理老店MINO家。从创始人山田利喜造算起，现在的店主山田广久已经是第三代传人了，他是学习法餐出身的，因此在餐厅的菜单上除了一直都有的那些下酒菜，还夹杂了不少像罐焖菜这样的欧式料理。

　　虽然店主给店铺取了一个很像是大众酒馆的名字，可不管是肉料理还是鱼料理，却一点儿都不含糊。餐厅在制作炖菜时会加入多种香草，同时还会用葡萄酒来调味。烤猪串是用严格筛选的栃木、茨城等附近几个县产的猪内脏制作而成的。还有自制嫩煎鸡肝、嫩煎三文鱼和里昂土豆，好吃的菜可多着呢。如果你拿不定主意选什么白酒或葡萄酒来配，可以随时请店内有品酒顾问资格证的专业人士帮忙。这里的菜和酒价格都非常便宜，有没有想要天天来的冲动呢？

①烤鸡串和片口小碗里盛的冷酒最配。内侧的盐烤串分别是生肠、猪肚、软骨，酱烤串从前往后分别是猪脸、猪大肠、猪肝。②猪肋排（图片所示为一人份的量）要烤差不多30分钟，不过猪肋排配吉尼斯黑啤酒（图片所示为半品脱的量，500日元），的确很完美。

③一层的就餐环境让上了年纪的人感觉特别亲切。吧台座位夹在餐桌位与厨房之间。④餐厅的二层让人联想到阁楼里的小房间。这里有餐桌位，铺着木地板的加座是带地炉下凹式的日式餐位。

菜 单

烤猪串　一人份　两串儿…… 各280日元	清酒"神龟"纯米　小德利壶 … 600日元
直肠、软骨、大肠、猪肚、生肠、猪舌、	清酒"UKITAMU"吟酿　180毫升
猪脸、猪心、猪肝	650日元
炖菜……… 550日元(加鸡蛋的600日元)	烧酒………………………一杯600日元起，
蒜蓉面包………………………… 250日元	900毫升的2800日元
烤猪肋排…………………………… 1100日元	葡萄酒… 一杯600日元，整瓶3000日元，
自制嫩煎鸡肝…………………… 700日元	店铺推荐的瓶装葡萄酒………………… 时价
西班牙产火腿…………………… 800日元	啤酒　大瓶………………………… 600日元

📞 03-3633-1638

🏠 江东区森下2-18-8

🚇 地铁森下站A4或A6出口，步行一分钟

🕐 17:00—22:00（最后的点餐时间为22:00）

🚫 周日、节日

餐位 78位　包间 无　吸烟 可以

预订 可以　刷卡 不可

为了使马肉锅（图片所示为马背肉）的味道更加香浓，餐厅特意在其中加入了马腹部的脂肪和餐厅自己调配的味噌

来自明治风情餐厅的百姓味道

美浓家

　　招牌马肉都是由青森县和加拿大的签约牧场生着发送过来的，因为这两个地方天气寒冷且水质纯净，最适合马的育肥。带骨肉要直接放入冰箱，经过二至三周的排酸。无论是制作马肉锅还是马肉刺身，都必须在最佳的时机将马肉取出后，经过细致的前期处理，这样才能让客人吃到最优质的马肉。

　　马肉锅是用餐厅特制的磷青铜锅盛着端上来的，瞬间期待值爆棚。煮马肉用的味噌汤底是将八丁味噌和江户甜味噌按餐厅特有的比例混合制成的，在马肉表面突然变色而内部还没有完全熟透的时候品尝口感最好。马腹部的脂肪总是舍不得吃，一定要留到最后，反正不管怎么煮也改变不了它软糯、清爽、甘甜的口感。菜单里是没有套餐的，所以除了锅子，像烤豆腐、生鸡蛋还有米饭什么的都要单点。

　　美浓家是于明治30年（1897年）在这里创店的，现在由第五代店主永濑守和弟弟永濑富男一起经营，他们努力地坚守着这份属于平民的美味。食客里有很多都是在木材市场工作的手艺人，老板知道要是用了廉价的木料一定会被嘲笑，所以店里的装修陈设处都能看到榉木或是香樟木的整块大板，甚至还有整体用花梨木打造的包间。这座建于昭和29年（1954年）的建筑曾在平成18年（2006年）时经过一次抗震加固工程，不过建筑依旧保持了原来的风貌。

128

只有自制的混合味噌，才配得上用好水养育出的鲜美马肉

①制作马肉刺身（图片所示为一人份的量）用的是马背肉中最好部位的肉。②在碗底铺上生菜和洋葱，再撒上洋葱味儿的自制酱汁，上面是和刺身相同品质的马肉，这就是马肉塔塔了。

③继承了深川传统美味的店主兄弟。④天花板压条、藤制地板，还有一层大厅的日式座席，无一不展现出餐厅特有的明治风情。⑤这是一层右手边的一间包间，用贴画装饰的羽毛球拍是已故的相声大家古今亭志生送给餐厅的礼物。

菜 单

马肉锅、猪肉锅……………………各1800日元	日式蛋卷………………………………500日元
马肉锅 马背肉、里脊肉……各2000日元	米饭、新腌小菜、爆腌萝卜……各200日元
马肉刺身……………………………1800日元	清酒"白鹤" 144毫升…………………400日元
马肉塔塔……………………………1100日元	清酒"鬼万岁"大吟酿 500毫升
马鬃部位的刺身……………………1200日元	……………………………………………2000日元
生鸡蛋…………………………………50日元	葡萄酒 半瓶………………………1200日元
烤豆腐、金针菇…………………各300日元	啤酒 大瓶……………………………600日元

03-3631-8298

江东区森下2-19-9

地铁森下站A4或A6出口，步行两分钟

12:00—14:00，16:00—21:30（最后的点餐时间为21:00）*周日、节日的营业时间为 12:00—21:30（最后的点餐时间为21:00） 周四（在5月～10月期间，每月的第三个周三也休息） 餐位 110位 包间 1间（18个餐位，需要预订） 吸烟 可以 预订 可以（四位以上） 刷卡 不可

野猪肉需要煮得久一点儿，肉越煮越软，当肥肉煮成斑驳的玳瑁色时，就可以开动啦

沐浴着隅田河风的传统美味

野味屋

　　享保3年（1718年），在创业之初这里还是一家中药铺，除了主营的草药、焙烧动植物等，铺子里还捎带着卖一些野猪肉（据说野猪药食同源，当时是作为药来食用的）。后来不知从什么时候开始，野猪肉成了这里的主打商品，就连店名里的"野味"也是源于"百兽"这个词，泛指那些有着四条腿的大型兽类。就像餐厅一直以来打出的招牌一样，这里除了野猪，还有其他的兽类料理，不过主打的菜品还是野猪肉。

　　"野猪的肥肉非常香，如果把它比作天然黄油的话，那么养殖的猪的肥肉就只能算是人造马琪琳了。"第九代店主吉田龙一的这个比喻很形象。野味屋的猪肉当然都是野生的。不过呢，"要是没有好山、好水、好食物，也不可能有鲜美的野猪肉了。"吉田龙一指着兵库县、三重县和滋贺县一带的地图这样说着。

　　吉田龙一精于刀工，有着40多年的切肉经验。平时都由他负责切肉，儿子吉田龙作负责烹调。野猪肉经过长时间慢炖后，肉质变得紧实、筋道、弹牙，能够让人感受到一股来自于大自然的力量。脂肪部分更是肥而不腻，鲜美回甘，这绝对是一锅能给身心充电的美食，怪不得野猪肉还有"山鲸"这个雅号呢，果然名副其实。

在『好山』上捕获到的野生猪，越炖越有味儿

①野猪肉锅和两道菜。在肥瘦相间的五花肉右侧的是鹿肉刺身，小碗里的是红烧野猪肉。②在肉被炖烂之前，可以先就着鹿肉刺身喝两口酒。鹿肉刺身吃起来非常清淡甘甜。③店主父子在金猪招牌前合影。

④餐厅里的所有餐位都是纯日式的包间。⑤餐厅前面吊着一只野猪。现在的这只只是一个标本，但是在过去，在冬天的时候为了冷藏和通风，经常会将一整只猪像这样悬挂在外面。

菜 单

野猪肉锅和四道菜·················· 8085 日元	貉子汤····················· 578 日元
野猪肉锅和两道菜·················· 6930 日元	清酒"白鹤" 德利壶······ 578 日元
定食······························· 5198 日元	烧酒 一瓶········ 麦烧 2888 日元,
野猪肉锅、鹿肉锅············ 各 4620 日元	芋烧 3465 日元
熊肉锅························· 5775 日元	葡萄酒 360 毫升···(红、白) 各 1155 日元
鹿肉刺身、炭烤野猪里脊肉··· 各 1848 日元	啤酒 大瓶················ 808 日元
鹿肉塔塔······················· 1964 日元	* 熊肉根据时令提供，有时候没有
嫩煎熊肉······················· 2888 日元	

☎ 03-3631-5596

住 墨田区两国 1-10-2

交 JR 两国站西出口，步行五分钟

营 17:00—21:00

休 周日（12 月份不休息，另外大相扑在东京举行比赛期间正常营业） 餐位 80 位 包间 10 间（80 个餐位）吸烟 可以 预订 可以 刷卡 可以

斗鸡锅煮的火候刚刚好。当鸡肉的颜色渐渐变深到一定程度时，就可以吃了

由两代女掌门经营的老铺

角家

　　幕府末期时局动荡，世道离乱。文久2年（1862年），角家就在现在的位置创店，而斗鸡锅是餐厅开业至今都没有变过的主营菜式。当初第一代掌门渡边弥八从爱知县的冈崎带着八丁味噌来到东京，这么多年过去了，如今第五代掌门渡边峰子和她的女儿——即将成为第六代店主的马场英美一起将这间老铺餐厅经营得有声有色。玄关处铺着的木板式台、壁龛内表面凸凹的木质圆柱等，这座建于昭和25年（1950年）的建筑如今还留有很多旧时的痕迹。据说有不少知名的相扑力士都曾经是这里的常客呢。

　　餐厅用的斗鸡都是让原产地的直营养鸡场送来的新鲜雏鸡，做底料用的味噌是在八丁味噌中加了另外两种味噌，又经过一个小时左右的时间熬煮所制作出来的独家调料。在开始制作斗鸡锅之前，要先在锅底涂满鸡油，然后再加入汤底和秘制味噌，味噌会在汤底里慢慢化开。最先下锅的食材是鸡肝和鸡皮，之后是鸡肉和配菜。当锅里的豆腐煮上色之后，就准备开吃吧。

　　在听到餐厅女服务员一声清脆的"好，请用吧"之后，我们便迫不及待地开动了。经过长时间慢炖的斗鸡肉已经非常软烂了，味噌的香味非常浓郁，凝聚在鼻子中久而不散。当回过神来的时候，才发现锅子已经见底了！

秘制味噌配严选斗鸡，
鸡肉锅传承着江户时代的老味道

①整套斗鸡锅定食（肉是三人份的量）。小碟里的食材从内到外分别是蛋黄烤鸡肉、鸡肉刺身、大葱卷鸡胸。鸡蛋是加古川产的精选品。②在鸡胸肉刺身下面垫了柠檬片，还配了一些鸡胗。酒是自创的"角家"牌清酒。

③在字号帘前面站着的是渡边峰子（右）和马场英美，两位都是大美人。④原创品牌的烧酒，右边的是麦烧酒，左边的是芋烧酒。⑤一层的三号包间，从推拉窗望出去，可以看到院子里的美景，用一整块天然木材制成的餐桌相当精美。

菜 单

军鸡锅定食·················· 6825日元	烤鸡肉串、鸡杂、鸡胗········ 各1365日元
鸡汤定食·············· 小份的6825日元， 大份的7875日元	龙田炸鸡、清酒蒸菜········ 各1365日元
	清酒"司牡丹" 180毫升······· 630日元
清炖鸡定食·············· 小份的6825日元， 大份的7875日元	清酒"角家" 300毫升······· 1365日元
	烧酒 一瓶············· 芋烧4200日元，
鸡胸刺身、大葱卷鸡胸········ 各1365日元	麦烧5040日元
烤鸡排 黄芥末酱油·········· 1575日元	啤酒 大瓶··············· 735日元
	* 服务费10%

☎ 03-3631-5007

🏠 墨田区绿1-6-13

🚇 地铁两国站A5出口，步行五分钟，或JR两国站东出口，步行八分钟 🕐 12:00—14:00（最后的点餐时间为13:30），17:30—22:00（最后的点餐时间为21:00） *周六的营业时间为17:30—22:00（最后的点餐时间为21:00）

🚫 周日、节日 餐位 45位 包间 8间（45个餐位）吸烟 可以
预订 可以 刷卡 不可

133

用黑毛和牛 A5级特选牛外脊制作的牛排(图片所示为200克的量),可搭配两种口味的酱汁食用

因专利刀法而闻名的餐厅

片山餐厅

　　说到牛臀肉（包括大腿内侧的肉），绝对是一种富含营养且口味香醇的好食材，可美中不足的是，不加处理就会显得有点儿硬。片山餐厅的三代店主片山幸弘为了解决这个问题可真是绞尽了脑汁，成天拿着一块肉来回摆弄。突然有一天他灵光乍现，琢磨出了"驮敏刀切割"这种处理牛肉的方法，还申请到了牛排制作的相关专利。使用这种刀法可以将牛肉内部错综复杂的筋和脂肪精细地剔除干净。片山幸弘非常崇拜文艺复兴时期的天才科学家达·芬奇，他觉得自己对什么事情都喜欢动手尝试这一点和偶像还有点儿像呢，于是便给这种刀法取名为"驮敏"（这个词在日文中的发音与达·芬奇的发音相似）。

　　店里的牛肉基本上都是以50克为单位的，同时还被分成了从A到G的七个等级。A级特选牛腰肉（例如前文出现过的夏多布里昂牛排）和B级特选牛外脊，可在60~350克间自由选择；C~G是牛臀肉，分成超级丸金（和牛特等A5级）、丸金（和牛A4级）、纯瘦和草饲等几个级别，重量为100~1000克。

　　片山餐厅的肉类分级跨度大，丰俭由人，高档酒店、中档餐厅、大众小馆三种身份随心转换。不论你是打算一掷千金还是量入而出，其菜品的味道都不会让你失望。

①用"驮敏刀切割"法切出的经典菜式——澳大利亚草饲牛排，260克的牛排只需要花费1790日元，难怪是大受欢迎的单品之一，配菜也特别丰富。②牛排蛋包饭，这道菜名已经申请上注册商标。不用说，这就是牛排配上蛋包饭的组合。图片里的牛肉脂肪含量很低，是健康的纯瘦肉牛排，重量为150克。

③片山夫妇（中间）面带笑容地和员工们一起合影。④建成于昭和33年（1958年）的餐厅，其田园式的装修风格营造出了温馨的家庭气息。

菜 单

特选腰肉牛排	150克	9110日元	牛排蛋包饭		1665日元起
特选外脊牛排	150克	8720日元	清酒"贺茂鹤"	300毫升	
超级丸金牛排	150克	3310日元	特别纯米800日元，纯米吟酿1200日元		
丸金牛排	150克	2885日元	葡萄酒		一杯280日元起，
纯瘦肉牛排	150克	1320日元			整瓶1370日元起
澳大利亚草饲牛排	260克	1790日元	啤酒	大瓶	630日元起

☎ 03-3610-1500

🏠 墨田区东向岛4-2-6

🚉 东武铁道伊势崎线东向岛站，步行十分钟

🕚 11:00—14:30，16:30—21:00

休 无休 餐位 46位 包间 无 吸烟 可以（仅限14:00—14:30，16:30—18:30，周六、周日、节日时全天禁烟）

预订 不可 刷卡 可以

炸猪大排定食用的是三元猪的大排，重量为140克，既不柴，也不硬，还搭配了米饭和红味噌汤

绝妙的创意——小笼屉炸猪排

喝

　　餐厅老板佐藤利胜曾分别在日本桥的炸肉吉及其连营餐厅——水道桥的菩提树学习过炸猪排和西餐的制作。如今他和妻子佐藤惠子两个人张罗起了自己的餐厅。餐厅里用了不少老民居剩下的材料做房梁、柱子，墙上挂的画是店主自己亲手雕的"喝"字，店内随处可见民间手工艺的元素，整体风格还是比较原始、粗犷的，能看出一些向炸肉吉借鉴的痕迹。餐厅的架子和桌子上都摆满了各式各样的酒，有烧酒和清酒，还有不少进口啤酒等，这架势可真不像是一间猪排店，倒更像是一家资深的居酒屋。

　　餐厅用的肉均由店主亲自挑选，都是从大货里精挑细选出来的。炸猪排的火候不能大了，这一点最难把握，一般要在142℃的油中炸七至八分钟，其间还要留心观察，马虎不得。炸猪排配的圆白菜是不限量的。

　　除了炸猪排，餐厅还有肉冻和红烧肉等不少自制的美味下酒菜。另外，每天五种不限量的小菜也很贴心。光烧酒的种类就超过了70种，有的是老板自己喜欢的，也有不少是应客人要求进的。老板这么用心，每晚顾客盈门也就不足为奇了。

136

創意十足的炸猪排和下酒菜，搭配丰富多彩的酒品

①自创的小笼屉炸猪排，可以蘸着加入高汤和山药泥的汁米吃。用芥末和小葱调味，复制了小笼屉荞麦面的做法。温泉蛋特别受女性客人的欢迎。②冲绳风味的红烧肉（前）要在当地产的泡盛烧酒里炖五个半小时，后面的是用猪肉和鸡肉做的肉冻。③五种精选的烧酒和五种进口的瓶装啤酒。

④老板佐藤利胜，其背后的瓷砖是由他自己烧制的。⑤用整块木板做成的餐桌、粗大的房梁、墙上的瓷砖，餐厅内的亮点颇多。

菜 单

炸小里脊定食	1774日元	清酒　各150毫升	
炸猪大排定食	1659日元	"天狗舞"山废纯米	650日元
小笼屉炸猪排	1575日元	"八海山"纯米吟酿	980日元
炸猪大排（黑猪）230克	2992日元	烧酒　各60毫升	米烧350日元起，
特级炸小里脊　200克	2184日元		麦烧、芋烧和泡盛各380日元起
肉冻	483日元	啤酒　中瓶	520日元
红烧肉　冲绳风味	892日元	进口瓶装啤酒	820日元起

☎ 03-3608-7141

🏠 葛饰区东金町1-11-3 伴大厦二层

🚇 JR金町站北出口，步行四分钟

🕐 12:00—14:00（最后的点餐时间为14:00）、18:00—22:00（最后的点餐时间为21:00）

🈑 周三以及每月的第三个周四

餐位 26位　包间 无　吸烟 不可

预订 可以　刷卡 不可

炸猪排是日本
特有的西式菜肴

在昭和30年到昭和39年（1955—1964年），当时我还是一名美食记者，要去全国各地采访取材。我曾在东北地区遇见过只提供猪肉的餐厅，也曾在伊势见到过一家名叫丢掉猪肉的餐厅，这些都令我非常吃惊。

后来我才知道，同样是说"肉"这个词，在关西地区多指牛肉，而在关东及以北的地区则多指猪肉。在东京人的脑子里，炸肉就等于炸猪排。西餐里有一道名叫cutlet的菜肴，就是给肉裹上面粉，用少量的油来煎。日本的炸猪排是这道菜的改良版，在厚片猪肉上拍上面粉，蘸上全蛋液，然后再裹上面包糠，将其放进油锅里炸，这样便成就了一道具有日本特色的西式菜肴。

炸猪排在以前都会配上大量的圆白菜丝，再蘸着辣酱油吃。后来根据客人们的喜好而对猪排酱汁进行了改良，有的增加了甜味，有的加入了苹果和西红柿，还有的为了增加黏稠度而加入了淀粉。

昭和初年，我上小学那会儿最期待的事就是去上野的本多总店或蓬莱屋吃炸猪排。我还曾在日本桥的泰铭轩里吃过薄得像纸片一样的炸猪排呢。

涩谷区·世田谷区·文京区·丰岛区·北区

❖放大地图

代代木公园

恵比寿

成城学园前

白山

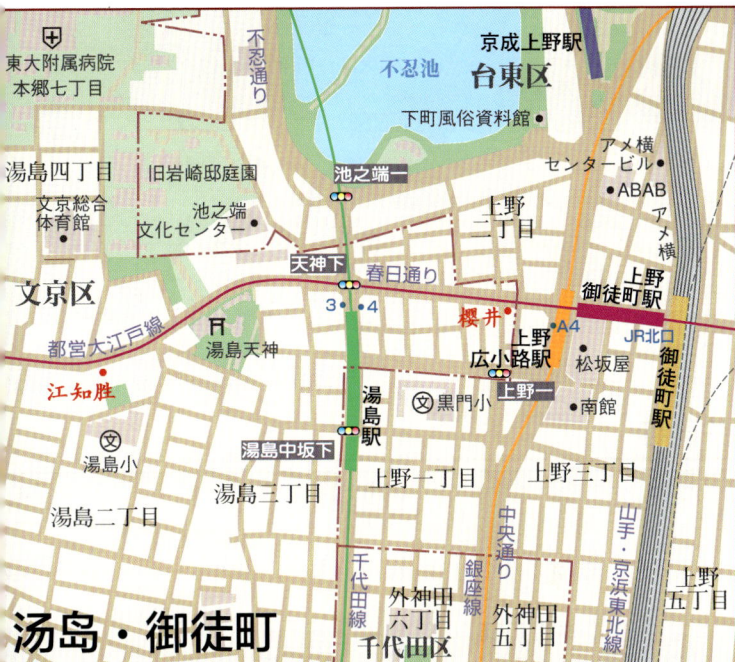

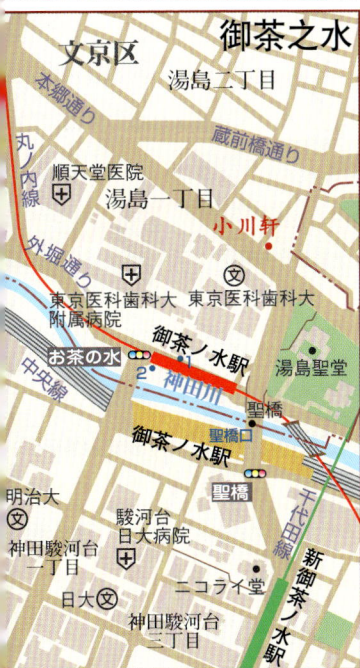

汤岛・御徒町

(上部地図)

東大附属病院
本郷七丁目

不忍通り

不忍池

京成上野駅

台東区

下町風俗資料館 ●

湯島四丁目

旧岩崎邸庭園

池之端一

アメ横
センタービル

上野
二丁目

● ABAB

文京総合
体育館

池之端
文化センター ●

アメ横

天神下

春日通り

文京区

都営大江戸線

3 ● 4

櫻井

上野
御徒町駅

上野
御徒町駅

JR北口

御徒町駅

湯島天神

A4

上野
広小路駅

松坂屋

江知勝

湯島
駅

上野一

南館

湯島小

湯島中坂下

㉒ 黒門小

上野一丁目

上野三丁目

山手・京浜東北線

上野
五丁目

湯島二丁目

湯島三丁目

千代田線

銀座線

中央通り

外神田
六丁目

外神田
五丁目

千代田区

(左下地図)

文京区

御茶之水

湯島二丁目

本郷通り

蔵前橋通り

丸ノ内線

順天堂医院

湯島一丁目

小川軒

外堀通り

東京医科歯科大
附属病院

東京医科歯科大

御茶ノ水駅

お茶の水

2 ●

湯島聖堂

中央線

神田川

御茶ノ水駅

聖橋口

明治大
㉒

駿河台
日大病院

聖橋

神田駿河台
一丁目

ニコライ堂

千代田線

新御茶ノ水駅

日大 ㉒

神田駿河台
三丁目

(右下地図)

水道橋

由山通り

都営三田線

文京区

本郷一丁目

壱岐坂下

壱岐坂通り

東京ドーム

後楽一丁目

東京ドームシティ
アトラクションズ

水道橋駅

炸肉吉

東京ドームホテル

A1

外堀通り

神田川

水道橋

水道橋駅

㉒ 工芸高

東口

中央線

専大通り

三崎町
二丁目

東洋高

千代田区

日大 ㉒

日大 ㉒

1：10,000

0   200米

地图上端为正北方向

141

護国寺

豊島区

雑司ヶ谷一丁目

本浄寺 卍

護国寺

日大豊山中・高 大塚五丁目

護国寺西

護国寺前

音羽二丁目

大塚二丁目

お茶の水女子大

寛

護国寺出入口

不忍通り

護国寺駅

講談社

首都高速

文京七中

日本女子大体育館

聖ドミニコ修道院

筑波大附属盲学校

目白台三丁目

有楽町線

筑波大附属高・中

日本女子大

目白台二丁目

文京区

音羽通り

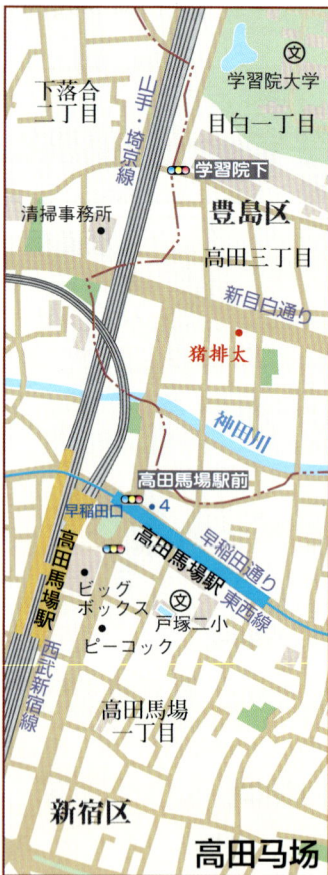

学習院大学

下落合二丁目

目白一丁目

山手・埼京線

学習院下

清掃事務所

豊島区

高田三丁目

新目白通り

猪排太

神田川

高田馬場駅前

早稲田口

4

高田馬場駅

早稲田通り

高田馬場駅

東西線

ビッグボックス

戸塚二小

ピーコック

西武新宿線

高田馬場一丁目

新宿区

高田马场

池袋

池袋一丁目

池袋二丁目

豊島区

池袋局前

ロサ会館

マルイシティ

西口五差路

東武東上線

池袋駅

東武池袋駅

パルコ

東武

西池袋二丁目

丸ノ内線

有楽町線

池袋西口公園

劇場通り

東京芸術劇場

池袋駅

三田屋总店池袋店

メトロポリタンプラザ

西武

西口

明治通り

メトロポリタンホテル

西武池袋駅

南池袋一

西池袋二丁目

山手・埼京線

西武池袋線

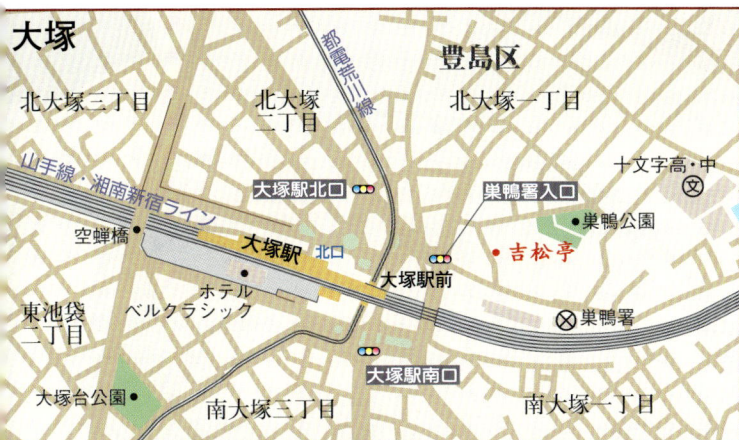

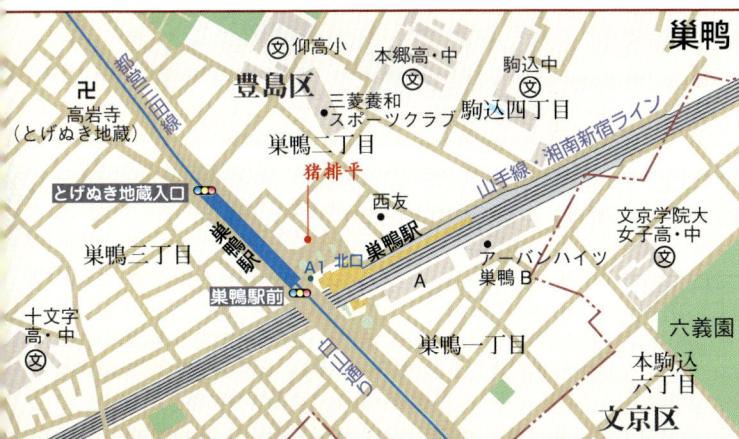

大塚

豊島区

北大塚三丁目

北大塚
二丁目

北大塚一丁目

都電荒川線

十文字高・中 ⊗

山手線・湘南新宿ライン

大塚駅北口

巣鴨署入口

巣鴨公園 •

空蝉橋 •

大塚駅

北口

• 吉松亭

東池袋
二丁目

ホテル
ベルクラシック

大塚駅前

巣鴨署 ⊗

大塚台公園 •

大塚駅南口

南大塚三丁目

南大塚一丁目

巣鴨

⊗ 仰高小

本郷高・中

駒込中 ⊗

卍
高岩寺
（とげぬき地蔵）

都電荒川線

豊島区

三菱養和
スポーツクラブ

駒込四丁目

巣鴨二丁目

山手線・湘南新宿ライン

とげぬき地蔵入口

猪排平

• 西友

文京学院大
女子高・中 ⊗

巣鴨駅

巣鴨三丁目

巣鴨地蔵通

A1 北口

巣鴨駅

A

アーバンハイツ
巣鴨B •

巣鴨駅前

六義園

十文字
高・中 ⊗

巣鴨一丁目

本駒込
六丁目

文京区

東十条

東十条四丁目

東十条商店街

東十条三丁目

南北線

東十条交番前

⊗ 東十条小

北区

王子神谷駅

北本通り

東十条病院 ⊞

保健所通り

王子五丁目

東十条
二丁目

東
十
条
駅

十條
コンテック

王子桜中 ⊗

京浜東北線・宇都宮線

北区保健所

⊞ 北病院

埼玉屋 •

北区保健所
王子保健センター

王子小 ⊗

南口

東十条一丁目

东十条

1：10,000

0   200米

地图上端为正北方向

143

重量为360克，厚度差不多有五厘米的百两猪排有没有震撼到你？请在脂肪上撒点儿盐后再享用

从高温到低温，经过两次炸制的肉排

武藏

　　武藏位于面积超大的惠比寿花园广场的地下，装修素雅，不怎么起眼。第一次来的话估计容易迷路，不过这里就算你走再多的冤枉路也是值得的。

　　炸猪排的肉用的是汁水丰沛、脂肪结构紧密的鹿儿岛OX糯猪（著名的猪肉品牌）和鹿儿岛的黑猪等。在面包糠的选择上不仅是对粗细有严格的要求，而且还有很多其他非常细致的讲究，因此都是定制的。现在猪肉和面包糠都有了保证，接下来就可以用精炼的白芝麻油与玉米油混合而成的煎炸油炸出各色美味的猪排了。

　　百两猪排是餐厅人气王炸糯猪大排的特别版本。首先要将鹿儿岛OX糯猪的大排放入高温的油里炸制，然后再换到低温的油里慢慢焖炸，全程大约需要20分钟的时间。店长兼主厨山本源告诉我们："焖炸的过程与蒸类似，相当于用猪肉自身的汁水将肉排蒸得很饱满。这样一来，不仅口感软嫩，肉本身的鲜味也不会流失。"炸好的猪排从锅里取出来后要先焖一小会儿，此时要把专用的猪排刀放在热油里浸泡加热。切肉时要轻压下刀，在刀划过肉排的瞬间给切口加热，以便将肉汁封住。肉排紧致厚实，口感弹嫩，其丰盈的肉汁与牛排很相似。这可真是一道让吃肉变得幸福感爆棚的超重量级美食啊！

瘦肉醇香，肥肉甘甜，味道和外观都令人惊叹的百两猪排

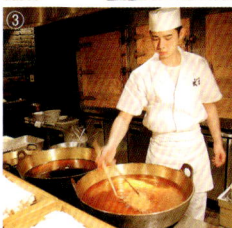

①特制猪肉涮锅，两人份起点（图片所示为两人份的量）。山形县平田牧场产的三元猪，大排位置的肉脂肪相对较少。将肉在蒸发掉酒精的清酒锅里涮一下，然后再蘸着酸橙汁和柚子胡椒吃，口感非常清爽。②三炸拼盘从右边起分别是炸小里脊、炸活基围虾、可乐饼，配着生啤食用，味道很不错。③正在炸猪排的山本，这只是高温油锅，旁边的那只是低温油锅。④餐厅采用开放式的厨房设计，以黑色和咖啡色为主色调的装修追求一种朴素以及一种回归自然的感觉。

菜 单

炸糯猪大排	1785 日元起	炸整条小里脊	5250 日元
炸糯猪小里脊猪排	2310 日元起	清酒"八海山"本酿造 180 毫升	840 日元
特级鹿儿岛黑猪炸猪大排	2835 日元起	烧酒 一杯	420 日元起
特级鹿儿岛黑猪炸猪小里脊	3150 日元起	葡萄酒 一杯	735 日元起，
三炸拼盘	3675 日元	半瓶 1470 日元起，整瓶 2730 日元起	
炸猪肉卷	2625 日元	生啤 一杯	630 日元
特制猪肉涮锅	2625 日元		
百两猪排	4200 日元		

📞 03-5421-0080

🏠 涩谷区惠比寿4-20-3 惠比寿花园广场地下二层

🚇 JR惠比寿东出口，步行十分钟

🕐 11:30—2:00（最后的点餐时间为21:00）

🈺 以惠比寿花园广场的休息时间为准

餐位 41位 包间 1间（6个餐位） 吸烟 可以（有无烟区）

预订 可以 刷卡 可以

用米泽牛五花肉制作的西式炖牛肉，上面装饰了细叶芹，蔬菜肉酱沙司香味扑鼻

坚守本土特色的西餐厅

关口亭

　　老板兼主厨关口康史是学习法国料理出身的，不过他告诉我们，"洋食是做给日本人吃的西餐，因此米饭、味噌汤和酱油风味的菜肴始终是关口亭的三个关键词"。餐厅主打米泽牛肉，因为肉本身的甜鲜味道很适合用酱油来调和。蔬菜肉酱沙司中含有大量的蔬菜，尤其是西红柿，将食材本身的甜味、酸味和苦味恰到好处地融为一体。不用老板多言，这绝对是不折不扣的下饭王。

　　此外，汉堡牛肉饼的细腻口感也备受食客们的好评。制作时要先将米泽牛肉馅和宫崎县产的无菌猪肉馅按照6∶4的比例混合，对其进行二次搅拌，煎制的时候要在锅里淋入白葡萄酒，借用酒的蒸汽对食材进行熏蒸。牛肉饼出锅后组织致密且口感柔软，食之滑嫩弹牙，再配上蔬菜肉酱沙司，那口味堪称完美。餐厅还为客人准备了另一款和风酱汁，更能凸显出肉本身的鲜甜滋味。西式炖牛肉用各种颜色的应季蔬菜做点缀，牛肉经过十个小时的文火慢炖，已经是入口即化了，将这些热乎乎的食材裹在米饭上吃可真是人间美味啊。

　　吃到这样暖心的美食，你一定也会像老板所期待的那样露出幸福的笑容，满意而归吧。

用心制作菜肴和酱汁的主厨，只为博得食客们的开心一笑

① 中午时段的固定菜品——煎汉堡牛肉饼配日式酱汁定食（200克），午餐都会附赠三款小菜（每日更新，图片中所示的食材从左往右分别是胗肝、生拌洋葱三文鱼和白煮小里脊）、米饭和味噌汤。
② 主厨拿手的佳肴蛋包饭号称"在别家吃不到"。米饭用蔬菜肉酱和番茄两种沙司来炒，里面还加入了货真价实的炖牛肉，是不是很奢侈啊？

③ 咖啡色的墙裙搭配着白色的墙壁，优雅的吊灯发出柔和的光芒，餐厅里处处散发着复古的情调。④ 关口康史总是"一边想着客人们就餐时的笑容，一边烹调美食"。

菜单

（午餐）煎汉堡牛肉饼 ··· 150克950日元，200克1100日元	煎汉堡牛肉饼 ························· 1260日元
	* 酱汁有日式酱汁和蔬菜肉酱汁两种
（午餐）多款当日套餐 ······· 1000日元起	生拌章鱼（扇贝） ················ 各840日元
西式炖牛肉（牛尾） ········· 各2625日元	清酒"景虎"冷酒 180毫升 ··· 800日元
西式炖牛舌 ···················· 3990日元	烧酒 一杯 ························· 450日元
牛肉洋葱盖饭 ·················· 1680日元	葡萄酒 一杯 ······················ 400日元
蛋包饭 ························· 1575日元	啤酒 中瓶 ························· 550日元

☎ 03-3465-8373

🏠 涩谷区富谷1-52-1

🚇 地铁代代木公园站1号出口，出来即到；或小田急线代代木八幡站南出口，步行一分钟

🕐 11:30—4:30（最后的点餐时间为14:30），18:00—1:30（最后的点餐时间为21:30）

🈺 周日　餐位 24位　包间 无

吸烟 可以（吧台禁烟）　预订 可以　刷卡 不可

147

"椿"这道美食是用猪大排制作而成的。创业至今，餐厅一直力求满足最挑剔食客的味蕾

用猪油炸出来的两道招牌菜

椿

　　昭和38年（1963年），现任老板渡边一郎的父亲渡边孝创立了这家店，从那个时候起，渡边一郎便一直在店里帮忙。餐厅周边大宅林立，环境非常清幽，是东京知名的高级住宅区，而且还有好几家电影公司的摄影棚也在附近。当时渡边孝身兼两职，他一边从事着自由电影摄像师的工作一边开着猪排店。可能是因为这层关系，听说当初在开店盖房子的时候，各大电影公司的道具师都过来帮忙了。

　　餐厅的食客中有不少人都是电影界人士，就连知名的演员和导演也都是这里的常客。这些人有一个共同点，那就是对味道特别挑剔，舌头特别刁。"所以我们家的酱汁从一开始就都是手工制作的，也是东京较早就有了红味噌汤的餐厅。"渡边一郎不无得意地告诉我们。餐厅选用的猪肉食材这么多年来一直都是从多摩至埼玉一带进货。

　　炸小里脊和炸猪大排肉质紧实，口感酥脆，都是用猪油炸制的。而这两道美食也是餐厅自创店以来仅有的主菜。炸猪排可以搭配着安第斯岩盐或者主厨拿手的手工酱汁来吃。千万不要小看这两道菜，能有足够的自信和勇气只做两道菜，而且还得到了那么多美食家的力挺，椿一定不会让你失望的。

148

美食家挑剔的味蕾
成就了两道精品炸猪排

①炸小里脊定食仅限午餐时段供应，小里脊的量为100克，口感清爽，量又不大，深受女性食客的欢迎。②浇上糖浆，再用薄荷叶点缀的西红柿跻身于水果大军之中，既可以作为解酒的小菜，也可以作为饭后甜点

① ②

③不论是食材还是调味料，渡边一郎"什么都要自己上手"。④墙上挂着书画，餐厅以偏暗的深咖啡色为主色调，柱子等装饰物将餐厅营造得沉稳而又大气。

③ ④

菜 单

炸小里脊定食·············· 1730日元	腌菜··············· 500日元
炸猪大排定食·············· 1520日元	米饭··············· 大份240日元，
* 上述定食仅在周日、节日以外的中午时	中份210日元，小份180日元
段供应，均配有米饭、红味噌汤、腌菜	西红柿··············· 310日元
（炸猪排）	清酒"月之桂"冷酒 180毫升德利壶
"通草"（炸小里脊）·········· 1940日元	··············· 820日元
"椿"（炸猪大排）·········· 1730日元	清酒"月之桂"浊酒 一杯216毫升
红味噌汤··········· 加滑子菇的300日元，	··············· 720日元
豆腐的270日元	啤酒 中瓶··············· 660日元

☎ 03-3483-0450

🏠 世田谷区成城5-15-3

🚉 小田急线成城学园前站北出口，步行十分钟

🕐 11:30—3:50（最后的点餐时间为13:50），17:00—20:00（最后的点餐时间为20:00）

🈺 周一

餐位 30位 包间 1间（10个餐位）吸烟 不可

预订 不可 刷卡 不可

10500日元的寿喜烧套餐用的是黑毛和牛眼肉（图片所示为近江牛肉两人份的量，一人份的量为180克）

新老东京人都喜欢光顾的餐厅

江知胜

　　江知胜在明治4年（1871年）创立，于大正12年（1923年）关东大地震之前在现如今的位置建起了餐厅。现在的房子建于昭和27年（1952年），开始时只有两间房间，后来又一点一点加盖才逐渐成了现在的样子。

　　餐厅的入口对着春日大街，设计得精巧别致。在通往玄关的石板路上洒了一些水，感觉很清爽。推开带格栅的复古玻璃门，宽敞的三合土（日式房子进大门后的一块平地）上铺满了大小不一的石头。再往前走，式台是两层的。穿过正面的天井，就能看到绿意盎然的花园了。

　　走廊上的木地板被擦得发亮，再往里走，一层有九间日式包间，二层有八间日式包间，都是那种类似于茶室或者书房之类的简单而又朴素的房间，在这里享用早年间牛肉锅风格的寿喜烧，真是再合适不过了。

　　餐厅由一代又一代的女店主亲自打理，寿喜烧选用的是最高档的A5级黑毛和牛，汤底是用酱油、味淋（日本甜料酒）、砂糖和水调制而成的，均由女店主亲自操作。牛肉就像丝绸一般纹理细腻、质地柔软，煮的时间不能过长，待肉呈现出淡淡的粉色时就可以吃了。就让江知胜带领我们穿越到明治时代的东京，去感受牛肉锅的魅力吧。

拥有重口味汤底的寿喜烧
继承了东京牛肉锅的传统

①配菜〔图片所示为两人份的量〕除了牛肉锅的标配大葱、魔芋丝和烤豆腐，还加入了很常见的茼蒿、香菇，都非常新鲜。②图片所示为10500日元的寿喜烧套餐的一部分，从右前方的姜烧牛肉〔前菜〕开始，顺时针排列的分别是酱烧银鳕鱼、醋拌海蕴菜、虾、糯米团、莼菜、金枪鱼、鲔鱼、乌贼鱼刺身。③一层的包间"枫"，大玻璃窗正对着漂亮的花园。房间被设计得小巧别致，很有茶室的韵味。④从玄关的正面能看到天井和前面绿意盎然的花园。

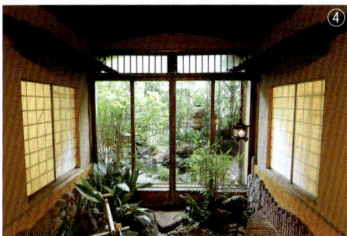

菜　单

寿喜烧套餐……… 7350日元，8400日元，9450日元，10500日元，11550日元	烧酒…………… 半瓶2100日元，整瓶4200日元起	
涮锅套餐………… 10500日元，11550日元	葡萄酒………… 半瓶2415日元，整瓶2835日元起	
鸡肉寿喜烧套餐………………… 7350日元	啤酒 大瓶 ……………… 840日元	
清酒"白鹿"180毫升……… 630日元	* 服务费10%	
清酒"白鹿"冷酒 300毫升 … 840日元		

📞 03-3811-5293

住 文京区汤岛2-31-23
交 地铁汤岛站3号出口，步行五分钟
营 17:00—1:30（最后的点餐时间为21:00）
休 周日、节日
餐位 150位 包间 17间（150个餐位）吸烟 可以
预订 可以（基本上都需要预订）刷卡 可以

姜烧黑猪肉盖饭套餐搭配每天都会更新的前菜拼盘、自制米糠酱腌菜和红味噌汤

能够感受到年轻人的热情与诚意的餐厅

樱井

　　餐厅位于海关大厦的七八层，超大的落地窗采光特别棒。七层店面的中间位置设有通往楼上的半透明框架楼梯，loft风格的装修使餐厅看起来很像是一家时尚的咖啡厅。樱井是于平成12年（2000年）开业的，算是一家新生代餐厅。店长樱井宽子和员工都是活力四射的年轻人，他们在后厨和大厅里忙前忙后，个个精干利落。别因为他们年轻而小瞧他们，这些人里不仅有在黑船亭（东京知名的西餐厅）修习过料理技艺的，而且他们还始终坚持"在价格范围内做到极致"的经营理念，这些都慢慢得到了食客们的认可，现在餐厅的客人有一半左右都是回头客。

　　餐厅的人气菜品有用蜂蜜腌制的黑猪料理，此外这里还有很多菜式都可以只点半份，价格也只是全价的一半，这对于老年人、女性客人还有那些正在减肥的人来说，实在是太贴心了。

　　餐厅的前菜会提供一些应季的蛋奶派、土豆沙拉、欧式泡菜，另外还有日式风味的各种米糠酱腌菜等。这些虽然只能给主菜做配角，但是也不会随便应付，基本上都是由员工亲手制作的。樱井出品的每一道菜都充满了这些年轻人的热情与诚意。不光是美好的味道，更多的是带给你发自内心的幸福感和满足感。

追求美味无止境，各色黑猪料理主打人气榜

①分量十足的炸猪排三明治。黑猪大排要用蜂蜜腌制一周左右的时间，口感非常嫩滑，其所搭配的西式泡菜也是由餐厅自制的。②牛肉洋葱盖饭所搭配的蔬菜肉酱沙司是主厨的得意之作，里面还加入了水果、蔬菜以及干红、甜葡萄酒等材料，是经过长时间的慢炖制作而成的。

③三瓶酒从左到右分别是烧酒"一粒麦"、"中井梅鹿辄"03干红、"中井梅鹿辄"04干白。④七层大厅中央的台阶，左手边是正对着厨房的吧台，右手边是沐浴着阳光的餐桌位。

菜 单

姜烧黑猪肉	1300日元	樱花套餐		4500日元
姜烧黑猪肉盖饭	1700日元	清酒"菊水"辣口　300毫升		800日元
姜烧黑猪肉盖饭套餐	2800日元	清酒"刈德"纯米　300毫升		800日元
西式炖牛肉	2800日元	烧酒	一杯500日元，一瓶	3500日元
日式汉堡肉饼	1500日元	葡萄酒	一杯600日元起，	
炸猪排三明治	1700日元	分酒器1600日元起，整瓶		3000日元起
牛肉洋葱盖饭	1700日元	啤酒　中瓶		550日元

☎ 03-3836-9357

🏠 文京区汤岛3-40-7 海关大厦七层和八层

🚇 地铁上野广小路站A4出口，步行两分钟；或JR御徒町站北出口，步行四分钟

🕐 11:30—22:45（最后的点餐时间为22:00）

🛌 12月31日、1月1日

餐位 76位　包间 1间（6个餐位）　吸烟 不可　预订 可以　刷卡 可以

153

西式炖牛尾肉质软烂且极富胶质感，还搭配了风味独特又健康的天然酵母面包

倾尽厨师功力的蔬菜肉酱沙司

小川轩

　　小川轩的老板兼主厨小川洋最早在大仓酒店学习了六年，之后曾长期从事法国料理的烹调工作。餐厅主打的蔬菜肉酱沙司是一款凝结了小川洋心血与厨艺的极品酱汁。先将各种风味独特的蔬菜与牛筋一起炒制，之后加入葡萄酒、西红柿和水慢慢熬煮，在煮的过程中要耐心细致地去除所有的血沫和油脂，然后再继续煮，就这样经过十天的时间才能制作完成。餐厅其他的各色酱汁也都是在它的基础上进行的再创作，万变不离其宗。

　　这是一款神奇的酱汁，用它来制作牛尾，不仅口味鲜甜，而且还增加了食材本身的胶质感；用它来制作牛肉洋葱盖饭，虽然口味偏重，但回味起来却非常清爽；用这款酱汁烹制出来的牛肉饼更是能让人吃出一种牛排大餐的风味。

　　餐厅位于东京的文教区域，周边的氛围与法国巴黎的学生区很像。墙壁的造型和灯具都是日式风格的，餐桌面板用的是粗大的老榉木，纯净而温馨的陈设散发着悠悠的法式情怀。

　　黄昏时分，餐桌上已经摆好了餐具，静待食客们的光临。由Royal Copenhagen的（丹麦最好的瓷器工厂）制作的餐碟其上面的手绘图案各不相同，与花色一致的Richard Ginori（意大利最古老的瓷器品牌）面包碟优雅并肩，旁边还贴心地摆放着一双筷子，想必今晚享用的会是一顿温暖的大餐吧。

在东京的学生区
享受一顿纯正的法式晚餐

①制作牛肉饼用的是100%的手打牛肉，口感与牛排酷似，搭配的酱汁有和风酱汁或蔬菜肉酱汁两种选择。②牛肉洋葱盖饭的酱汁被盛在一个精巧别致的容器里，其馥郁的口感最适合搭配米饭食用。

③餐厅的左手边是半开放式的后厨，右边墙上的榉木画框里陈列的是法国画家鲁奥的版画。④小川洋站在餐厅最里面的红酒柜前，他告诉我们说："小川轩在装修时参考了一家位于纽约的北欧餐厅的装修风格。"

菜 单

牛肉饼、牛肉洋葱盖饭(各)	清酒 "七贤" 满天下 一杯 …… 840 日元
………… 午餐1890 日元，晚餐2310 日元	葡萄酒 一杯……………… 午餐735 日元，
西式炖牛尾……………………… 5670 日元	晚餐1050 日元
西式炖牛肉……………………… 3780 日元	葡萄酒………………… 半瓶2940 日元起，
烤小羊胸排(晚餐) ………… 2940 日元	整瓶4725 日元起
午餐套餐…… A3150 日元，B5250 日元	啤酒 小瓶…………………… 735 日元
西式怀石小碟套餐………… 7350 日元起	* 服务费 10%(仅限晚餐时段)
特别套餐………………………… 13650 日元	

TEL 03-5802-5420

住 文京区汤岛1-9-3

交 JR御茶之水站圣桥出口，步行四分钟；或地铁御茶之水站1号、2号出口，步行五分钟

营 11:30—13:30 (最后的点餐时间为13:30)，17:30—20:30 (最后的点餐时间为20:30)

休 周日、节日

餐位 24位 包间 无 吸烟 可以 预订 可以 刷卡 可以

特级炸小里脊定食使用的是180克的小里脊，米饭里拌着绿色的紫苏碎，自制的各种米糠酱腌菜也颇受好评

身处于宁静的环境中，让人忘记了外面的喧嚣

炸肉吉

炸肉吉所在的全水道大厦位于车水马龙的白山大街，其对面就是东京巨蛋、东京巨蛋酒店这样的人气地标。餐厅在大厦的地下一层，这里的风景与外面真是大相径庭。店面非常宽敞，高高的木格子天花吊顶、黑得发亮的房梁和立柱，还有用整块木材打磨出来的大餐桌，墙壁上、装饰架上到处都展示着茶碗及酒盅等藏品，数量超过了1000只。餐厅的整体装修风格质朴且相当气派。就餐区域的餐位有很多种，客人可以根据需求自由选择。这里除了有大圆桌配餐椅的位置，还有在餐桌中间镶嵌暖炉的日式座席，以及私密性不错、类似于单间的餐位。

猪肉要严格挑选脂肪紧致且多汁的猪大排和最新鲜的小里脊，而煎炸油则是将色拉油与芝麻油混合之后制成的，每天都会有新油加进去，用它炸出来的猪排口感脆爽，回味无穷。炸肉吉里以上了年纪的客人居多，另外，这里也是女性食客和家庭聚餐的不二之选。

这里虽然是一家地地道道的猪排店，可甜点菜单却是相当丰富，这在别处并不多见，怪不得一到周末，就会有很多年轻的小情侣和带着孩子的父母光顾呢。

156

①柳川锅猪排乌冬面 图中用的是猪大排。在热乎乎的炸猪排上面是一层山药泥，下面藏着乌冬面，是不是很特别。②自制的肉派，用新鲜的猪蹄筋反复熬煮制成，口感与肉冻相似，带有一点儿咸鲜口味，配烧酒再合适不过了（图片里的杯子是用来放冰的）。③多层葛粉布丁，从下往上分别是布丁、香草冰激凌和鲜奶油。④大圆桌摆在餐厅的一角，四周的墙上摆满了令餐厅颇为得意的收藏品。⑤下凹式的日式座席，大餐桌的中间嵌有一个方形暖炉，上方垂下的吊钩可以用来悬挂铁壶，以便于加热。

菜　单

特级炸小里脊定食……………… 2600 日元	自制的肉派………………… 500 日元
炸小里脊定食　　2000 日元（小 1800 日元）	多层葛粉布丁………………… 380 日元
特级炸猪大排定食……………… 2400 日元	清酒"初龟"吟酿 一杯………… 630 日元
炸猪大排定食…… 1900 日元（小 1700 日元）	清酒"出羽樱"樱花吟酿 一杯… 680 日元
* 定食配有米饭、味噌汤、大碗沙拉，特	烧酒"兼八"麦烧 一杯………… 550 日元
级定食外加一份新腌小菜和一份时令炒菜	烧酒"梦想仙乐"麦烧 一杯…… 700 日元
柳川锅猪排乌冬面	啤酒 大瓶………………… 680 日元
…………大排1300 日元，小里脊1500 日元	

☎ 03-3812-6268

🏠 文京区本乡1-4-1 全水道大厦地下一层

🚇 地铁水道桥站A1出口出来即到；或JR水道桥站东出口，步行两分钟

🕐 11:30—22:30（最后的点餐时间为21:30）*周日和节日时营业至22:00（最后的点餐时间为21:00）休 无休 餐位 100位 包间 无 吸烟 可以 预订 可以（在11:30—14:30时段不可以预订）刷卡 可以

一根牛舌只能制作出四人份的极品牛舌心，其肉质软嫩、弹牙

虽然位置隐蔽，但却值得造访

Lee Cook

　　在连接本乡大街和旧白山大街的商店街对面有一栋不起眼的小楼，走进去之后，在你的左手边紧里面的位置有一个狭长的楼梯，从那里上去就是Lee Cook了。跟餐厅官网上介绍的一样，这个入口实在是不好找。不过走进餐厅的一瞬间，保证你会被室内素雅而气派的装修惊艳到。

　　木地板用的是日本国产的枪木，安装有烤炉的餐桌用的是高级进口柚木，在其旁边还并排放着很多有着藤制椅背的餐椅。店面很宽敞，所有的装饰品清一色的都是来自巴厘岛的民间手工艺品，这些手工艺品完全不像想象中那般杂乱无章，反倒是画龙点睛般地提升了餐厅的品位和质感。

　　餐厅供应的肉类全部是A5级的牛肉，三种偏瘦一点儿的里脊均取自牛霖（牛后腿的中心部位，俗称和尚头），而脂肪含量多一些的五花肉和牛腩则取自牛肋部位。客人在点菜时需要提前定好是用盐烤的方式还是酱烤的方式来烹饪食材。酱烤的肉是提前用酱汁腌好的，而用盐烤的方式制作出来的肉也需要先撒上胡椒盐，然后再端上桌。像里脊一类的烤肉可以选择用大葱盐烤的方式来烹饪，就是在肉上放上大量的葱一起烤。

　　餐厅因为担心在烤肉时会将火星溅到客人的衣服上，所以没有使用常规的备长炭来进行烤制，烤炉内用的是一种人工木炭，叫作虎鲸炭。

无论是酱烤还是盐烤，都能令客人满意

①用酱烤或者大葱盐烤的方式来烤极品里脊，味道都很不错。清爽的口感保准叫你怎么吃都不觉得腻。②带有雪花的牛腩其实并不像看上去的那样油腻，盐烤或者酱烤都可以。

③烤肉与马格利酒是绝配。大碗里盛的是一整瓶的量，可以用韩国产的葫芦瓢将酒分装在小碗里。④店内的装修是统一的深咖啡色调，和一般的烤肉馆相比，更雅致，更有高级感。

菜 单

极品里脊、极品五花⋯⋯⋯⋯ 各2600日元
高级里脊、高级五花⋯⋯⋯⋯ 各1800日元
里脊、五花⋯⋯⋯⋯⋯⋯⋯ 各1050日元
牛腩⋯⋯⋯⋯⋯⋯⋯⋯⋯⋯ 1900日元
极品牛舌心⋯⋯⋯⋯⋯⋯⋯ 2500日元
牛舌⋯⋯⋯⋯⋯⋯⋯⋯⋯⋯ 1550日元
横膈膜肉、优质牛肚尖⋯⋯⋯ 各1050日元

牛肝、牛大肠、牛皱胃⋯⋯⋯ 各850日元
清酒"獭祭" 180毫升 ⋯⋯⋯⋯ 630日元
烧酒⋯⋯ 一杯530日元，一瓶2520日元起
马格利⋯⋯ 一杯420日元，一瓶1900日元
葡萄酒⋯⋯ 一杯520日元，一瓶2950日元
啤酒 中瓶⋯⋯⋯⋯⋯⋯⋯⋯ 550日元

📞 03-5842-8699
🏠 文京区本驹込1-1-26 柏屋大厦二层
🚇 地铁本驹込站1号出口或地铁白山站A3出口，分别步行三分钟
🕐 17:00～23:30（最后的点餐时间为23:00）＊周日和节日时营业至23:00（最后的点餐时间为22:30）🈺 周一（遇到节日就改为次日）
餐位 52位 包间 1间（8个餐位）吸烟 可以
预订 可以 刷卡 可以

晚餐套餐"仙"的主菜——扒牛里脊。套餐从小菜到最后的果盘，一共包括了11～12道菜品

暑庭消尽风鸣树的大雅之地

宽

　　这里是一座纯日式风格的大宅，大门的上方和围墙上都披着黑色的瓦片。这里是日本著名作家三角宽从昭和10年（1935年）开始生活的旧居。三角宽著有很多山窝小说（描写了那些居无定所，在深山或河滩等野外生活的人），此外他还在池袋兴办了"人世坐"和"文艺坐"等剧院，为大家所熟知。这家餐厅由三角宽的独生女创立，平成元年（1989年），三角宽将餐厅交给了孙女经营，现在，她自己又开办了女将塾株式会社。

　　餐厅由六个单间组成，分别为一、二、三、五、六号房间和一间西式房间，餐厅采用完全预订的就餐制度。晚间就算是与家人一同前往，基本上也都不会带着小孩来，客人们在这里可以一边欣赏大文豪心爱的遗物，一边安心地享受成年人的美食与时光。

　　午餐的迷你会席共有三种，主菜分别是鱼和牛排。晚餐套餐里的主菜扒牛里脊非常受欢迎。

　　倾听着庭院里风吹树叶的沙沙声，享受着精致美味的菜肴，不禁让人感受到一种远离尘嚣的静谧与安逸。

在大文豪挚爱的旧居里享用扒牛里脊的全

①晚餐"仙"套餐里的煮菜（加茂茄子蟹肉浇汁，前）和五种开胃菜（从最靠前的箭羽莲藕开始，顺时针方向排列的菜品分别是海螺公主、葡萄酒蒸大虾配鱼子酱、星鳗八幡卷，中间的是烤沙钻鱼子干）。②"仙"套餐里的两道小菜——梅肉芋芽（右）和新鲜莼菜汤。开胃菜和小菜都是随着季节的变化而变化。

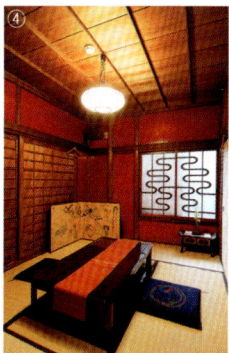

③宅子里最大的一号包间"弁天"，从窗口处望出去，可以看到二号包间"莺"和庭院。④三号包间"红"的墙壁是鲜艳的红色。小屏风上的画是于昭和35年（1960年）前后，由走红的漫画家马场NOBORU和清水昆等人一起创作的。

菜 单

（午餐）		
松花堂便当·············· 5250日元	"宽"·············· 23100日元
迷你会席·············· 8050日元，	清酒 180毫升德利壶········ 1380日元起
10395日元，11550日元	清酒 360毫升德利壶········ 2310日元起
（晚餐 只限套餐）	葡萄酒·············· 半瓶3000日元
	整瓶7000日元起
"婉"·············· 13860日元	烧酒 一杯·············· 700日元起
"仙"·············· 18480日元	啤酒 中瓶·············· 980日元

📞03-3590-2911

🏠丰岛区杂司谷1-2-11

🚇地铁护国寺站1号出口，步行七分钟

🕚11:30—14:00（最后的点餐时间为13:00），17:30—22:00（最后的点餐时间为20:00） 🈺周日、节日（根据人数可以协商）

餐位30位 包间6间（30个餐位） 吸烟 可以

预订 可以（必须预订） 刷卡 可以

特选定食里的特级炸猪大排。味噌汤有猪肉的、蚬子的和裙带菜的，可以任选，还有自制的六种新腌小菜拼盘

除食材外，全手工出品的味道

猪排太

  执掌后厨的是店主高桥有三，在大厅里忙前忙后的是他的夫人高桥真理，他们是大学管弦乐团的前辈和后辈，丈夫负责吹单簧管，妻子负责拉大提琴。他们时常活跃在莫扎特的音乐交流会上，是名副其实的艺术范儿"猪排夫妇"。

  退出管弦乐团之后，高桥有三曾先后沉迷于烧制陶瓷制品（餐厅里的吧台上还摆着由他自己制作的扁壶、德利壶）和摄影（墙上挂着的就是他的抓拍作品）等，他是那种对什么都会全情投入的人，对烹调也是如此，除了肉、蔬菜、鱼和盐等食材，其余的全部由他亲手制作。为了保证炸猪排的口感始终如一，高桥有三会根据气候的变化来调整面包糠的干燥时间。特制的辣酱油口感中辣，能更好地激发出肉和面包糠的美味。另外还有自制的米糠腌菜、三五八腌菜（按照盐三、曲五、江米八的比例腌制出的菜）、盐腌菜、味噌腌菜等多种新鲜的小菜。

  猪排选用的是群马县产的糯猪肉，肉质细腻，鲜美多汁。特级炸猪大排在制作时需要先用猛火使肉紧致，然后再调整油温，用焖炸这种类似于蒸的方式将肉排炸至柔软蓬松。猪排的横切面会呈现出漂亮的粉红色。可以根据自己的喜好将盐、黑芝麻、胡椒和辣酱油混合成蘸料，从而品尝各种不同的好滋味。

炼炸出来的特级猪大排，像吃打糕一样口感饱满且富有弹性

①特选拼盘里有一块炸小里脊、两只炸大虾和一块炸鱼排。一次可以品尝到三种美味，非常划算。
②炸猪大排盖饭里面的猪大排和午餐定食里的一样。③老板高桥有三告诉我们"现在店里还有很多小碗都是由他自己亲手烧制的"。

④越南产的天然海盐（前）和中国产的全天然盐，凤凰，酱汁是自制的辣酱油。⑤店里只有吧台和日式加坐，其装修风格非常清新别致，根本不需要用背景音乐来营造气氛

菜单

特选定食配米饭、味噌汤、高级新腌小菜	
特级炸猪大排	1890日元
特级炸小里脊	1995日元
特选拼盘	2310日元
特制猪排饭配味噌汤、高级新腌小菜	
大排盖饭	1575日元
小里脊盖饭	1680日元

定食配米饭、味噌汤、新腌小菜	
优质炸猪大排	1260日元
优质炸小里脊	1365日元
炸猪大排盖饭	997日元
炸猪大排（午餐定食）	840日元
炸小里脊（午餐定食）	945日元
啤酒、生啤 中瓶	各735日元

☎ 03-3989-0296
🏠 丰岛区高田3-17-8
🚃 JR高田马场站早稻田出口，或者地铁高田马场站4号出口，分别步行五分钟
🕐 11:30—13:30（最后的点餐时间为13:30），18:00—21:00（最后的点餐时间为21:00）*周六的营业时间为18:00—21:00（最后的点餐时间为21:00）休 周日、节日
餐位 21位 包间 无 吸烟 不可 预订 不可 刷卡 不可

特选黑毛和牛牛排(图片所示为150克的量)，肉上放的是加入了香草的无盐黄油

主打牛排和自制火腿的店

三田屋总店池袋店

三田屋总店（位于兵库县三田市）因为"在牛排屋内设置能剧表演台"而名声大噪。东京池袋店是它在关东地区的第一家特许经营总店，店面很宽敞，在略微有些昏暗的灯光的映照下，木地板呈现出优雅迷人的光泽。餐厅的室内设计是以能剧舞台为主背景，同时加入了钢琴、太鼓等物件的日西合璧风格，旨在"打造一个能带给客人惊喜的超现实奇妙空间"，据说深受女性客人的喜爱。穿着防油围裙在这里就餐未免太无趣了，一到晚上，这里就会有不少客人穿着江户时代的服装前来赴宴，成了餐厅的一道风景。

可能是出于餐厅创始人的一份坚持吧，这里只选用来自全国各地经过严格筛选的和牛或日本国产牛的里脊，肩背肉是不用的。烤牛排是将事先切好的生肉和其他的配菜一起放在滚烫的铁板上同时被端上桌的，客人可以根据自己的口味来调节火候，餐厅一般会向客人推荐将牛排烤制三四分熟。

一边倾听着古琴、钢琴、长笛的现场演奏，一边使用三田屋自制的青瓷餐具享用自己动手烹调的烤肉，这就是三田屋带给你的独一无二的美食体验，一场"形""声""闻""味""触"五感俱佳的盛宴。

①和牛塔塔（图片所示为二至三人份的量）将牛肉和香葱摆成了漂亮的菱形，再拌上餐厅自制的酸橙酱油和橄榄油，分盛给客人食用。

②餐厅的招牌菜肴之———用餐厅自制的三田屋火腿（后）做的前菜（两人份的量），可以浇上少许调料汁食用。③由三田屋总店自创的葡萄酒。干白（左）4200日元，干红5775日元。④餐厅的装潢使用了大量的原木，展现出简洁又高贵的日式装饰风格。图片中最里面的就是能剧舞台了。

菜单

特选黑毛和牛牛排（极品肉）
·············· 120克5040日元（9450日元），
150克6090日元（11500日元），180克7140
日元（13650日元）
特选和牛刺身（塔塔），自制火腿前菜
··········· 各1890日元
扒牛里脊套餐········· 120克3990日元，

150克4830日元，180克5565日元
牛排午餐··········· 80克2625日元，
120克3675日元，150克4515日元
清酒"般若"大吟酿 300毫升··· 1890日元
烧酒 一杯··············· 525日元
葡萄酒 一杯············· 735日元起
啤酒 中瓶·············· 600日元

☎03-3982-6541
住 丰岛区西池袋1-10-10 池袋东武百货店餐饮街2号三层
交 JR池袋站大都会酒店出口，步行一分钟
营 11:00—23:00（最后的点餐时间为22:00）*周日、节日时22:00关门（最后的点餐时间为21:00）
休 无休 餐位 120位 包间 无 吸烟 可以（有无烟区）
预订 可以 刷卡 可以

特级马肉味噌锅（两人份的量），里面的肉有肋条肉、马背肉和上脑肉等。配菜选用的是南部煎饼，非常少[...]

品种繁多的、用由十和田直供的马肉制作的料理

吉松亭

　　在东京市内各具特色的马肉料理店中，这家餐厅包括午餐在内，其菜品的种类都算是较为丰富的。在这里你还能品尝到像马肠这样并不常见的内脏类菜品，而且性价比都很高。店内宽敞的走道两侧是就餐区，右边有四间日式包间，左边既有榻榻米的散座，也有餐桌位。虽然餐厅位于半地下，但因为大量使用了杉木这样的浅色木材，所以显得格外敞亮。

　　餐厅老板松本博己的朋友在青森县经营了一家食用马牧场，同时还开了一家马肉料理专营店。松本博己在开店之前先让自己的员工到朋友的马肉料理店里实习，接受培训，然后才于平成16年（2004年）开了这家餐厅。餐厅的马肉全部是由青森县的十和田直供的，肉会按照不同的部位分类真空包装，冷藏运输到东京。由于有了这位牧场主兼专营店主的朋友的帮助，吉松亭的马肉无论是品质还是新鲜程度都没的说。

　　招牌菜马肉味噌锅是汇集了各色日本东北特产的一道菜。南部生铁锅里盛着由十和田直供的马肉，配菜有牛蒡切片、舞菇、南部煎饼等，味噌选的也是青森县的田舍味噌。食材天然简单，口感却相当丰富醇厚，食过之后让人充满了对大自然馈赠的感恩之情。此外，餐厅干净整洁，店长和店员热情周到的服务也让人感觉很贴心。

招牌菜马肉味噌锅
集合了丰富的北国特产

①马肉刺身拼盘，一份大约够三个人食用，包括上脑的瘦肉和雪花肉、外脊肉、肋条肉、马鬃位置的肉等六种马肉，可以蘸着餐厅自制的刺身酱油或酸橙酱油食用。②用马肉制作的汉堡肉饼（图片所示为单品，900日元）上面盖了一个煎鸡蛋。将马肉和马的脂肪混合，在里面加入用洋葱和牛蒡制作的肉饼，吃起来弹牙，而且还有一股特别的香甜味道，是一道非常健康的菜肴。③美味熏马舌是一道不错的下酒菜，图片中所示的奥入濑罗曼是一款山药烧酒，一杯700日元。④店内右边的日式包间。四个房间的隔断可以打开，可当作一个超大的房间使用。

菜　单

马肉味噌锅⋯⋯⋯1900日元，添肉的1500日元	马肉汉堡肉饼定食（午餐）⋯⋯⋯⋯780日元
马肉味噌锅　特级2300日元，添肉的1900日元	马肉味噌锅定食（午餐）⋯⋯⋯⋯1060日元
马肉寿喜烧⋯⋯⋯2800日元，添肉的2400日元	清酒"鸠正宗"⋯⋯⋯⋯⋯180毫升400日元，
马肉刺身　马背肉⋯⋯⋯⋯⋯⋯1500日元	360毫升800日元
马肉刺身　拼盘⋯⋯⋯⋯⋯⋯⋯3900日元	烧酒⋯⋯⋯⋯⋯⋯⋯⋯⋯一杯550日元起，
马肉刺身、马肝刺身、马心刺身　各880日元	一瓶2500日元起
烤马肉里脊　120克⋯⋯⋯⋯⋯⋯2800日元	葡萄酒　整瓶⋯⋯⋯⋯⋯⋯⋯2800日元
美味熏马舌⋯⋯⋯⋯⋯⋯⋯⋯⋯750日元	啤酒　中瓶⋯⋯⋯⋯⋯⋯⋯⋯⋯650日元

☎03-5907-5101

🏠丰岛区北大塚1-13-12 全经会馆地下一层
🚇JR大塚站北出口，步行三分钟
🕐11:30—14:00（最后的点餐时间为14:00），17:00—22:30
（最后的点餐时间为21:30）
🈺周日、节日
餐位 60位　包间 4间（32个餐位）吸烟 可以
预订 可以　刷卡 可以

由三块小里脊和两块大葱交替组合炸制出的大号炸串（两支）。大受欢迎的炸串定食每天限量供应20～25份

轻松愉悦的氛围让人流连忘返

猪排平

　　平成8年（1996年），第二代店主贺茂荣造过世之后，他的夫人贺茂和枝将餐厅坚持做了下来。贺茂和枝是一位身材娇小、性格开朗的可爱女士。在后厨全力支持她的是长子贺茂惠和在猪排平干了40多年的老前辈饭泉幸三郎。

　　餐厅点餐率最高的菜品肯定要数用大排和小里脊做成的炸猪排了，不过猪排平的炸串也因为得到某位以言语犀利著称的美食家的赞赏而人气高涨。按照小里脊、大葱、小里脊、大葱、小里脊的顺序穿起来的炸串分量十足。大葱的甜辣味道让小里脊本身的鲜甜口感显得更加馥郁饱满，口味独特而又能被大多数食客所接受。此外，多款招牌美食都可以按照食客所要求的数量自由组合，这对于老年人和正在节食的客人来说可真是太棒了。

　　猪排平不是一家酒馆，但是每天晚上直到关门时这里还是座无虚席。这里更算不上是一家咖啡馆，但依旧有不少客人喜欢一个人坐在吧台边上读读书、看看报什么的。大家喜欢待在这里、聚在这里，除了那些超赞的美味，店里这三位经营者亲切随和的个性也应该是其中的原因之一吧。

168

①炸猪大排的脂肪部分呈现出半透明的质感，肉质紧实嫩滑，口味清淡，令人回味无穷。②炸小里脊和炸大虾拼盘，鲜润多汁的小里脊和外皮结合得很好，酥香味美；大虾饱满甘甜，让人爱不释口。

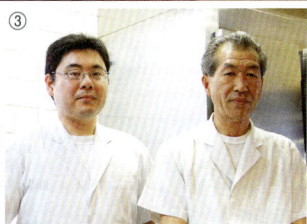

③一丝不苟的贺茂惠（左）和风度翩翩的饭泉幸三郎。④店里只有一排对着后厨的吧台位和一排背靠着墙的餐桌位。统一的咖啡色调让人感觉非常温馨。

菜 单

炸猪大排定食……	1400日元（1300日元）	* 定食都配有米饭、猪肉汤、新腌小菜，括号内的是单品或者打包的价格
优质炸猪大排定食	1900日元（1700日元）	
炸小里脊定食……	1600日元（1450日元）	◆ 炸小里脊一个350日元，炸串一串儿550日元，炸大虾一只700日元，可以自由组合的菜品搭配米饭＋猪肉汤350日元
炸整条小里脊定食	2150日元（1950日元）	
炸串定食…………	1250日元（1150日元）	
炸小里脊和炸大虾拼盘定食		清酒"黑松白鹿" 180毫升 550日元
…………	2100日元（1900日元）	啤酒 中瓶………………… 650日元

☎ 03-3910-5385

住 丰岛区巢鸭2-1-6
交 JR巢鸭站北出口，或者地铁巢鸭站A1出口，分别步行一分钟
营 11:30—5:00，17:30—21:00
休 周日以及每月的第三个周六
餐位 24位 包间 无 吸烟 可以
预订 不可 刷卡 不可

餐厅供应的烤串的一小部分，从最前面的肥肉开始，顺时针排列的烤串分别是大葱金枪鱼、优质猪大肠、脾脏、猪肝

开门就爆满的超人气餐厅

埼玉屋

　　距离开门还有一小段时间，可是已经有十四五个人在门口等着了。大家看起来都是一副习以为常的样子，有的在和同伴聊天，有的在看书，反正个个都很淡定。不过，就在开门的一瞬间，食客们便立刻冲了进去，餐厅瞬间爆满。同样的情景每天都在上演。"因为这样，所以我们家的东西卖光了就关门，早的时候七点半左右就关了。"现在的店老板小熊秀雄这样告诉我们。

　　除了最主要的肉类，其他的食材也都是由店主亲自挑选的。"无论是酒还是菜，都希望是最地道的，所以各方面都必须要细致周到才行。"店主在和我们说话的时候，手上可是一会儿都没停。看他娴熟地剔除肉筋，然后再整齐地将肉穿成串，真是一气呵成啊！

　　只要一开门，店里就一直是混乱嘈杂的状态。可就算再乱，小熊秀雄都可以做到根据客人点的酒和不同的饮酒方式来调整烤串的火候。尽管食客们已经吃吃喝喝得不亦乐乎了，可这边还是会估算出最佳的时机将刚烤好的串烧端给不同的客人，真是非常专业。烧烤冒出的白烟和气味充满了焦香，让人不禁又要多吃几串儿、多喝几杯了。

170

无论是选购的食材还是烧烤的方式，都完美地诠释了『专业』二字

①肉质甘甜、脂肪醇厚的牛肉刺身（前）和口感清淡却回味悠长的生肠刺身，都是蘸着大蒜酱油来吃的。②炖菜的配料种类繁多，吃起来口感特别丰富，香气也很浓郁。③烧烤台由小熊秀雄掌控，后面的是他的长子小熊秀幸。④餐厅中央的U字形吧台将烧烤厨房围在里面，屋顶上安装了大型的排烟设备。

菜 单

烤串一份两串儿，一串儿 140 日元	牛排 100 克	1000 日元
猪肝、肥肉、猪心、猪舌、猪脸肉、五花肉、脾脏、优质猪大肠、脆骨、大葱、金枪鱼、生肠、牛肚尖	炖菜	450 日元
	水芹	420 日元
	清酒"仁勇"大德利壶	600 日元
牛肉刺身 ················ 630 日元	清酒"仁勇"纯米 一杯	500 日元
猪肝（猪舌、猪心、生肠）刺身	源作印葡萄酒 360 毫升	1050 日元
················ 各 530 日元	生 Hoppy	380 日元

📞 03-3911-5843

🏠 北区东十条2-5-12

🚃 JR东十条站南出口，步行三分钟

🕐 16:00—21:30，*周六时18:00关门。平日和周六的结束时间都是一个大概的时间，只要食物售罄了，餐厅就会关门

🚫 周日、节日 餐位 28位（仅限一层，二层有日式的房间）

包间 无 吸烟 可以 预订 不可 刷卡 不可

怀念昔日的鸡肉锅，

感恩我的嫂嫂

　　昭和20年（1945年），我和老公搬回到他在爱知县的老家居住，大女儿也是在那个时候出生的。我们在老家吃的第一顿饭就是鸡肉锅。每天早上嫂嫂都会把一个刚下的鸡蛋藏在围裙下面拿过来给我吃，说是孕妇需要营养，嫂嫂的这份恩情让我一生难忘，而鸡肉锅鲜美的味道也让我难以忘怀。说到爱知县，名古屋的交趾鸡非常出名，它与萨摩的土鸡、秋田的比内土鸡并称为日本的三大美味鸡种，只是当时我并不知道还能用它做鸡肉锅。

　　后来我成了一名美食记者，去过很多家料理名店，品尝过各种禽类锅，除了神田的牡丹，还有杂交鸭专营店鸟安以及因味噌斗鸡锅而闻名的角家等。在品尝美食之余，我还感受到了充满魅力的传统文化。也许只有这类食物才更能满足日本人那难以适应牛肉的舌尖吧。街边的大排档里有不少曾经销售过令人叫绝的烤鸡串的店最近都开起了专营店，而且还将鸡肝、软骨，甚至是生肠这类的稀有食材都做成了烤串，这在过去是难以想象的。不仅是烤鸡串，就连销售烤猪串的店也是遍地开花。

　　以前鸡肉的价格非常昂贵，后来由于肉鸡饲养逐渐普及，鸡蛋便成了大家公认的价格"优等生"，几十年来价格不升反降。现如今，就连圣诞大餐里都少不了烤鸡了，还有平时常吃的西餐炸鸡、日式炸鸡块等，这些不仅可以在西餐馆里经常吃到，而且它已经成为一般家庭餐桌上的常客了。

新宿区・杉並区・武蔵野市・小金井市・立川市・福生市・八王子市

❖放大地图

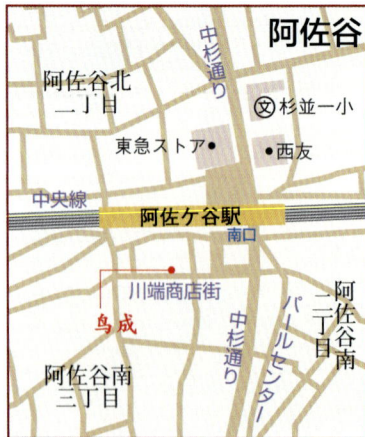

174

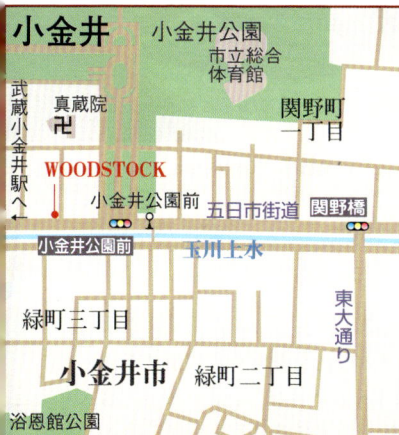

1：10,000
（荻洼、福生、高尾除外）

地图上端为正北方向

牛排只有三分熟（靠前的是菲力，内侧的是西冷），完全没有腥膻气，味道很浓郁

隐藏在窝身门里的优雅空间

牛丸

　　餐厅的拉门十分厚重，有种早年间木匠用扁斧全手工打造的感觉，入口的高度只有120厘米，设计灵感来自日本茶室的窝身门。进入餐厅的客人无论如何都要低下头才能穿过这道门，老板的本意是希望前来就餐的客人，不论身份的高低贵贱，都能在牛丸享受到同样的快乐时光。

　　餐厅里的桌子、椅子、吧台还有墙裙板都是黑色的，只有铁锈红的墙壁在微暗灯光的映衬下显得格外优雅迷人。牛丸不仅拥有神乐坂一带特有的神秘气质，而且其沉静优雅的氛围也让人感觉很舒服。

　　牛丸这个店名源于"吃掉整头牛"（"丸"在日语中有整个的意思）。不过目前餐厅所供应的菜品中并没有涉及牛内脏，距离"整头牛"还差那么一点儿。可能是为了弥补这个遗憾吧，这里牛肉的种类特别丰富。常规的西冷、菲力就不用说了，黄瓜条（腰臀）、匙仁（肩胛骨内侧）、牛腿三角肉、牛霖（大腿中心部位）、牛臀尖、牛五花等应有尽有。如果要制作刺身的话，处理的方法还各不相同，可以说是非常讲究了。

　　餐厅供应的菜品主要是套餐（只有两种套餐包含牛排），客人可以根据自己的需要再追加单品。这里烧酒的种类也特别丰富，给就餐增添了不少乐趣。

刺身＋烤串，带你乐享那些高级牛肉

①牛腿三角肉(牛后脚腕，图片所示为生肉)烤串，烤过之后很有嚼劲，肥肉鲜甜。②牛五花(牛肩部到胸部的肉)脂肪含量高，如果用金枪鱼来比喻的话，就是鱼的大脑部位。用火微燎轻拍，脱去部分脂肪做成刺身，搭配上香葱和枫叶萝卜泥，再蘸着酸橙酱油一起食用。③通道的右边是吧台位，左边是餐桌位。店内没有丝毫多余的装饰，是成年人喜欢的那种简洁优雅的装修风格。

菜 单

主厨定制(套餐) ………… 5250日元，	清酒"黑龙"本酿 一杯 ……… 800日元
7350日元，9450日元	清酒"天明"纯米 一杯 …… 950日元
牛霖 刺身或烤串一串儿 ……… 950日元	烧酒……………… 一杯500~1200日元
匙仁 刺身或烤串一串儿 ……… 1100日元	葡萄酒…………………… 一杯550日元，
黄瓜条、牛腿三角肉 刺身或烤串一串儿	分酒器2100日元，整瓶3800日元起
…………………………… 各1150日元	啤酒 中瓶………………………… 600日元
牛五花 刺身或烤串一串儿 ……… 1250日元	服务费10%
牛肉佃煮……………………… 800日元	

📞 03-3266-8100
🏠 新宿区神乐坂3-2 K大厦一层
🚇 地铁饭田桥站B3出口，步行三分钟；或JR饭田桥站西出口，步行五分钟
🕐 17:30~21:30
📅 周日、节日
餐位 32位 包间 无 吸烟 可以 预订 可以 刷卡 可以

口感弹牙嫩滑的美味烤牛舌，配的腌白菜特别爽口解腻，是由餐厅的年轻员工腌制的

平价的上等牛舌

忍

　　差不多30年前吧，那会儿还有不少人觉得牛舌吓人，不愿意吃，可如今它已经彻底跻身高级食材的行列了。眼看着牛舌的价格日益上涨，越来越让普通百姓高不可攀，还好，在忍这里，我们仍然可以轻松地享用各种美味牛舌。餐厅的房梁和柱子都是由粗壮的原木加工而成的，而餐桌和餐椅则是用整块的板材或直径为30厘米以上的大原木切片制作而成的。餐厅的装修风格是那种粗犷的田舍风格，内部不加分割，餐位都是乱七八糟混坐的，因此近来常被客人吐槽，不过这完全没有影响到餐厅的生意，每天一到晚上七点钟，这里肯定满座。昭和54年（1979年）餐厅刚开业那会儿，这里几乎都是50多岁的客人，而现在则主要是30多岁的年轻人光顾，闺密小团体来此聚餐的也不少呢。

　　也许正是因为顾客群体发生了改变，所以在开业之初作为下酒菜推出的烤牛舌、白水牛舌、西式炖牛舌和味噌煮牛舌这四道招牌菜，现在大家更愿意拿来配米饭吃。的确，椒盐味的烤牛舌香辣适口，白水牛舌醇香四溢，西式炖牛舌清淡好味，无论是配酒还是下饭都很赞。另外，烤牛舌、白水牛舌、西式炖牛舌、味噌煮牛舌、生姜煮牛舌这五道菜还可以配送上门，在家即可享用到美食。

多样的特色牛舌料理，下酒又下饭

①由餐厅自创的白水牛舌，整条牛舌要煮上好几个小时，软得用筷子都能切得开，蘸着青芥末吃更有味儿。②西式炖牛舌是用日式蔬菜肉酱沙司小火慢炖而成的，搭配黄芥末酱或鲜奶油吃，味道都很不错。③味噌煮牛舌里面有牛舌和魔芋，吃这道菜时怎么能少得了清酒呢？④餐厅的老板上杉德治郎和忍夫妇俩，不用说就知道餐厅取了夫人的名字当名号。⑤房梁、柱子、椅子、桌子都是大号的，餐厅里放眼望去，都是粗大的原木。

菜 单

烤牛舌	1100日元	清酒 "京山水" 温酒…小德利壶	530日元、
西式炖牛舌	1100日元		大德利壶 950日元
白水牛舌	980日元	清酒 "一藏" 冷酒白峰 一杯	800日元
味噌煮牛舌、生姜煮牛舌	各680日元	烧酒 一杯	麦烧530日元，
味噌(盐)腌牛舌	各1100日元		芋烧580日元
牛舌汤	600日元	黄酒 小口杯	630日元
牛舌泡饭	1100日元	生啤 中扎	690日元

☎ 03-3355-6338

🏠 新宿区三荣町16松启大厦一层

🚃 JR四谷站四谷出口，或地铁四谷三丁目站4号出口，分别步行六分钟

🕐 17:00—3:00（最后的点餐时间为22:20）

🚫 周日、节日

餐位 48位 包间 无 吸烟 可以 预订 可以 刷卡 不可

179

猪排盖饭是咖喱味的，三片炸猪排被摆成了塔尖的形状，无论是菜肴还是餐具，都是独一无二的

坚守父亲留下的味道

王路地

　　大正10年（1921年），餐厅在神乐坂一带开业，昭和21年（1946年），餐厅搬到了现在的位置。地址虽然变了，但是老店却还在。餐厅的创始人，也就是现在老板来住野正明的父亲来住野松藏被称为小巷之王（在日语中小巷的汉字是"路地"），所以餐厅便被取名为王路地。来住野松藏的确就像一位王者，是一个极端执着而又特立独行的人。无论是食材、调料，还是烹调方法、菜肴盛器，就连店铺的LOGO都无法忍受和别人用的一样。

　　敲打肉排的处理方法、用蒸面包来代替做三明治时常用的烤面包、用酒糟调味的猪肉汤，还有碗碟一体的个性餐具——这些全都是来住野松藏的主意。

　　"来我们餐厅的客人大部分是常客，他们都是循着老味道而来的。将父亲留下的味道传承下去，这就是我的工作。"来住野正明是个憨厚踏实的人。

　　王路地的炸猪排只用猪大排做原料，在挑选猪大排时，还要挑选那些脂肪分布得比较漂亮的猪大排。在制作时先要将肉排的筋和肥肉适度剔除，然后再用小锤子反复敲打肉排。一条大排差不多要敲打30-40分钟的时间，这样才能留住脂肪甜鲜的味道。就算你是一个喜欢吃小里脊的人，也一定会爱上王路地的炸猪大排。

　　来住野正明还开玩笑式地和我们抱怨说："说实话，这腱鞘炎可真不好受，不过这也是老爸留给我的遗产嘛！"

极品猪大排

一心一意敲出来的

①条状的炸猪排乍一看还以为是用小里脊做的，其实是用经过敲打之后的猪大排制作而成的，独特的创意绝对不容错过。②炸猪排三明治给炸猪排涂了一层咖喱。餐厅的特色蒸面包绝对香甜可口。③猪肉汤（王路地风味）要在客人点餐之后才开始制作，先用洋葱炒培根，然后再加入豆腐和香菇，最后用酒糟味噌调味。④来住野正明和他的妻子来住野彰子，始终坚守着上一辈留下的味道，招牌门帘上的标识也是其父亲的杰作。⑤古色古香的圆桌和方桌搭配了高靠背的座椅。位于地下的就餐区域让人感到几许大正时代的浪漫情怀。

菜 单

炸猪排套餐	1650日元	炸猪排、炸猪肉串	各1050日元
炸大虾套餐	1550日元	炸大虾	950日元
* 以上两款套餐均有配米饭、王路地腌小菜、		米饭、王路地腌小菜	各200日元
猪肉汤（王路地风味）		猪肉汤（王路地风味）	400日元
炸猪排盖饭、炸猪排三明治	各950日元	清酒 180毫升	500日元
印度咖喱	850日元	啤酒 中瓶	500日元

📞 03-3352-1037
住 新宿区新宿3-17-21
交 地铁新宿三丁目站B5出口，步行一分钟；或JR新宿站东出口，步行五分钟
营 11:00—15:00，16:30—20:30
休 周三
餐位 34位 包间 无 吸烟 可以 预订 不可 刷卡 不可

7000日元的套餐(图片所示为一人份的量)里牛腿肉的含量为150克，另外还配有牛肉刺身和应季蔬菜等

一个人的牛排店

Horn

　　Horn位于新宿三越百货后面的一栋小楼的地下一层。餐厅不大的空间里几乎都被细长的吧台和铁板烤台给占满了。客人背靠着楼梯就座，对着吧台的厨房又细又长，主厨大馆丰还兼任了餐厅主管一职。餐厅里里外外就大馆丰一个人，他一边要在厨房里烤肉、烤菜，同时还要招呼客人。遇到就餐的高峰时间，他简直就像是一位拼命三郎。

　　"既要保证性价比，又要让客人吃得满意"。在晚餐时段，7000日元一位的套餐里有餐厅用心挑选出来的牛肉，绝对超值，一定不会让你失望。

　　前菜是牛腿肉刺身，可以蘸着大蒜酱油食用。接下来看主厨麻利地用八九种应季蔬菜制作烤菜。就在你的食欲被激发出来的时候，牛排华丽登场了。牛排在铁板上发出美妙的"吱吱"声，切开的肉散发出一种浓郁的焦香，当它在口中融化的那一刻，一股暖流直达内心。最后一道主食是大蒜炒饭，同样是由主厨现场制作的。

　　搭配牛排使用的酱汁共有两种，另外，套餐里供应的米糠酱腌菜和冰激凌也都是由餐厅自制的，看起来在烤台之外，大馆丰也是一位拼命三郎啊！

各色自制的配菜
让主角牛排更出彩

①

②

①牛排在铁板上烤的时候就被切成了骰子块，以便于客人能够用筷子夹着吃，而不必使用刀叉。②蜜饯风味的大蒜是在撒糖之后烤的，其他的蔬菜都是用椒盐烤，和肉的烤制方式一样。听说烤蔬菜比烤肉更费工夫。③一边烤牛排一边和客人愉快交谈的大馆丰。④细长的店面延伸着细长的吧台和细长的烤台。

③

④

菜 单

套餐…………… 7000日元，12000日元	清酒"香露" 180毫升 ………… 800日元
切块和牛牛排………… 2000～3000日元	烧酒………………… "S" 400日元起，
和牛腿肉牛排……… 3000日元，4000日元	"W" 600日元起
和牛里脊(背肉)牛排 …… 各10000日元	葡萄酒…………………一杯600日元起，
和牛刺身…2000日元(背肉5000日元)	半瓶2500日元，整瓶1800日元起
午餐 配米饭、汤、沙拉和新腌小菜	啤酒 中瓶……………………… 500日元
切块和牛牛排……………… 2500日元起	*晚餐加收10%的服务费
和牛腿肉牛排……………… 3500日元起	

☎ 03-3341-6336

住 新宿区新宿3-28-2

交 地铁新宿三丁目站A5出口，步行一分钟；或JR新宿站中央出口，步行两分钟

营 12:00—14:00，17:30—22:00（最后的点餐时间为22:00）

休 周日、节日

餐位 12位 包间 无 吸烟 可以 预订 可以 刷卡 可以

菜单上属于本店招牌的炸小里脊定食，外皮轻薄，吸油少，是一道健康菜品

价格亲民的独创炸猪排

猪排久

目前市面上销售的所有油炸食品其平均脂肪含量达到了70%，像炸小里脊这道菜，有86%的脂肪来自于炸制过程中外皮所吸收的油。报纸上说"希望大家选择外皮比较薄的油炸食品"，这可真是说到店主久松达也的心坎里了。由久松达也自创的炸猪排正是猪排久所特有的薄皮猪排。

想要做到外皮薄，首先就要从猪排外面裹的那层面包糠上下功夫，一定要挑选那种质地细腻、颗粒小的面包糠，除此之外，餐厅还特别定制了含有大量气泡的面包糠。接着要将经过充分处理的排酸小里脊按照面包糠、蛋液、面包糠、蛋液的顺序蘸上两次，这样做主要是为了防止汤汁流失、肉质变柴。随后将猪排入锅，要先在高温的油里炸一会儿，让外皮定型，然后再转入低温的油里慢慢焖炸，这样炸出来的猪排其外皮的含油量会巨减到30.8%（以日清的油脂调查结果为依据）。可能是由于外皮的含油量减少的缘故，因此猪肉鲜润软糯的口感才能被更为迅速地传达至你的味蕾。

餐厅距离JR、地铁和私铁三个站都相当近，中午一开门就不再休息了。久松达也个性执着，凡事力求完美，炸出来的猪排也自不用说，再加上价格合理，所以餐厅一整天都是顾客盈门。

定制的面包糠是猪排久的控油法宝,轻薄的外皮 让你能够吃到更健康的猪排

①炸猪大排是餐厅信心推荐的"重量级杰作"使用的是精选的肋排肉,为了让厚片猪排的风味能够更好地发挥出来,在制作时需要先在猪排横切面的方向插上竹签,然后再入锅炸制。②炸肉拼盘里有炸小里脊、炸大虾和炸鱼排,下锅炸制的顺序也是如此,鱼排要在最后下锅,三样同时起锅。搭配的酱料是塔塔酱。③久松达也正在给猪大排"整形",接下来就是插竹签,然后再在上面拍上"很牛"的面包糠。④店内的装修清新明快,就像是一家小型的日料店一般。

菜 单

* 定食都配有米饭、味噌汤、新腌小菜,括号里的是单品的价格
特选炸小里脊定食 …1600日元(1250日元)
炸小里脊定食 …… 1400日元(1050日元)
特选炸猪大排定食…1500日元(1150日元)
炸猪大排定食 …… 1250日元(900日元)
特选萝卜泥猪排定食…1600日元(1250日元)

萝卜泥猪排定食 … 1350日元(1000日元)
一口炸肉饼定食……1200日元(850日元)
炸食拼盘定食 …… 1650日元(1300日元)
午餐套餐赠送米饭、味噌汤…炸猪大排、炸小里脊各980日元,炸猪肉饼880日元
清酒"泽鹤" 180毫升……… 520日元
啤酒 中瓶………………… 520日元

☎ 03-3209-3900
🏠 新宿区高田马场1-26-5 F1大厦地下一层
🚇 JR高田马场站早稻田出口,地铁高田马场站5号出口,还有西武新宿线高田马场站,分别步行一分钟 🕐 11:20—22:00(最后的点餐时间为22:00)*周日时营业至21:20(最后的点餐时间为21:20)🈺 无休 🍴 32位 包间 无 吸烟 不可(15:00之后部分区域可以吸烟)预订 不可 刷卡 不可

招牌烤猪肉串，有猪脸、软骨等十种人气盐烤串，再蘸上由餐厅自制的辣味噌酱，美味瞬间升级

丰富多彩的新鲜烤猪肉串

OKASIRA

　　店主栗桥义成和栗成由纪夫妇是高中同学，俩人才刚40岁出头，还很年轻。OKASIRA是于平成5年（1993年）开业的，说起来资历尚浅，但要说在烤猪肉串的圈子里，这里可绝对算得上是一家资深的名店。其原因不仅是因为这里的价格、环境、栗桥夫妇爽朗的待客之道以及客人之间那股一见如故的热乎劲儿，最主要的还是因为这里的烤猪肉串味道好，很多常客都忍不住要夜夜光顾呢。

　　栗桥义成差不多每天都会去市场选购当天使用的新鲜食材。餐厅菜单中的菜品繁多，单要做好这些准备工作，就已经是忙得不可开交了，菜品中一半是烤串类的，其余的则是一些刺身和炖菜。

　　为了能让食客一次品尝到更多的口味，OKASIRA的烤串都是30克的小串，一串儿起点。"猪肉串一定要趁热吃才好吃，所以在我们店里，最会吃的客人都是一次少点些，可以多点几次。"老板真是用心良苦啊。

　　在OKASIRA，新鲜的烤猪肉串总共有18种，初来乍到的客人可能还分不清这些烤串的部位，那就请一边和老板聊天，一边享受一整晚的美妙时光吧。

186

吃完再点，吃完还点，随心所欲地享用各种美味烤串

①酱烤串用的酱汁可是十多年的老汤。图片中的烤串从右边开始分别是猪肝、猪颈、猪肚、猪动脉、猪大肠。②配有四种酱汁烤肉的烤猪肉盖饭。③老板娘拿手的炖猪杂，配料丰富量又大，卖完之后还会重新再做，不会往原来的汤里加料。

④猪脑是不可多得的美味，一头猪也就只能提供这么多猪脑，其味道与鱼白(鱼类的精巢)相似。⑤栗桥义成正在给烤串撒盐，看那表情多专注啊! ⑥餐厅的环境你说它素雅也行，说是烟熏的也行，反正自开店以来店主都没有刻意地去改造过它，让人感觉很自在。

菜单

烤串 … 均为100日元一串儿，一串儿起点	
软骨、猪肝、直肠、舌根、猪大肠、脾肚、猪耳朵、猪肚、猪脸、猪小肠、猪心、猪颈、猪动脉、心房、宫颈、猪舌、五花肉/西红柿、青椒、大蒜、秋葵、大葱	
盐渍猪蹄、猪耳朵(醋味噌)… 各300日元	
炖猪杂、烤猪杂……………… 各350日元	
猪脑 …………………………… 400日元	
烤猪肉盖饭 …………………… 550日元	
清酒"剑菱" 一杯 …………… 420日元	
烧酒 一杯 麦烧370日元、芋烧420日元	
啤酒 中瓶 …………………… 530日元	

☎ 03-3364-3424

🏠 新宿区高田马场3-12-5 SEVEN大厦地下一层

🚇 JR高田马场站早稻田出口，地铁高田马场站1号出口，还有西武新宿线高田马场站，分别步行五分钟

🕐 17:00—24:00

休 周日、节日

餐位 18位 包间 无 吸烟 可以 预订 可以 刷卡 不可

烤鸡串厨师推荐套餐，餐具也很美。烤串从左边开始分别是鸡胸、鸡心、鸡皮、鸡胗、鸡腿、鸡肝，里面那碟盛放的是鸡肉丸

热情与创意是生意兴隆的秘诀

鸟成

　　老板清村慎司曾在新桥的烤串名店鸟康学习过全手工制作烤鸡肉串。现在他和妻子清村晴美同心协力，每天都在为自己的烤串店忙碌着。店铺位于车站附近的川端商店街，附近的上班族和女白领都是这里的常客。此外，中央线沿线的年轻人、音乐家和戏剧界人士也喜欢聚集于此，好不热闹。

　　店里制作烤串所用的食材都是青森县产的新鲜鸡肉，每天店里都会按照不同的部位对这些食材进行处理。菜单上光刺身就有七种，准备起来相当烦琐。烤串用的食材除了常规品种，还有一些是在一般的烤串店里不可多见的稀有部位。

　　厨师推荐的烤鸡串套餐里包括七种烤串，鸡肝和鸡肉丸都是用酱烤的，其他烤串则都是用盐烤的。鸡肝可以蘸着花生酱吃，烤鸡肉丸可以蘸着鹌鹑蛋液吃，真是相得益彰。

　　烤串时用的炭火是备长炭，盐是德岛县产的粗盐，酱汁是从鸟康学习到的秘传老汤酱料，同时还要用黑色的七味粉来调味。这些优质的食材再加上清村慎司那新奇独特的创意和想法，就算有客人天天光顾，也一点儿都不奇怪啊。

包含稀有部位的上等烤鸡串
外加七种精品刺身

①两种刺身，前面的是青芥鸡肉，其做法是在开水焯好的半生鸡胸肉中加入青芥末；里面的是鸡肝刺身，也需要用水焯一会儿，可以就着生姜或者大蒜吃，小碟子里盛的是芝麻油。②用鸡胸肉搭配生菜、圆白菜、西红柿、柠檬等大量的时蔬制作而成的鸡肉沙拉。

③老板夫妇，即便是在店里忙碌时，两个人也配合得十分默契。④烤鸡串店内特别清爽干净。每年秋天，老板都会将照片中最前面的入口附近布置成舞台的样子，用来举办爵士乐的现场表演。

菜　单

烤鸡串品牌套餐		鸡肉沙拉…………………… 500日元
厨师推荐七串儿＋汤 …… 1000日元		清酒"浦霞"冷酒 180毫升 …… 650日元
元祖鸟成十串儿＋汤 …… 1800日元		清酒"东洋美人"180毫升 …… 850日元
单品每串儿150日元		烧酒……一杯500日元起，一瓶1800日元起
鸡胸肉、鸡胗、鸡肝、鸡肉丸、鸡心、		葡萄酒…………… 半瓶1500日元起
软骨、鸡腿、横膈膜、鸡皮		整瓶2500日元起
青芥鸡肉、鸡肝刺身………… 各500日元		啤酒　中瓶……………………… 500日元

03-3398-4987

杉並区阿佐谷南3-37-3 JIROOTO大厦 一层

JR阿佐谷站南出口，步行一分钟

18:00—次日1:00（最后的点餐时间为24:00）*周五和周六营业至次日2:00（最后的点餐时间为次日1:00）

周日

餐位 31位　包间 无　吸烟 可以　预订 可以　刷卡 不可

189

主菜烤牛肉（200克）的火候把握得相当精准，其口感温润甘甜，入口即化

贴心不贴身是最好的待客之道

bistrot OJI

　　餐厅位于宽阔、宁静的住宅区一角，周边少有车辆来往。折腰式屋顶的二层洋房复古精致，是伊丽莎白时代的半木式结构建筑，让人忍不住驻足欣赏。洋房建于大正13年（1924年），已经被日本政府定为有形文化遗产。bistrot OJI就静静地开设在它的一层，每天只接待两单有预约的客人。

　　从昭和48年（1973年）开业以来，一心只想做好自己能做的，并不去挑战能力之外的东西，因此餐厅至今都只提供牛排或烤牛肉套餐。此外，餐厅认为"让客人吃得舒心自在、无拘无束才是最好的款待"，因此这里并不会提供一般高级西餐厅那种"无微不至"的模式化服务。不过老板娘和年轻的女服务生并不会对客人有一丝一毫的怠慢，她们始终和客人保持着最佳距离，提供着一种既贴心又不贴身的服务。套餐的上菜速度不紧不慢，让人感觉特别从容，三个小时仿佛一下子就过去了。

　　bistrot OJI虽然只是一家餐厅，但却总是萦绕着一种轻松明快的氛围，对于食客们来说，它更像是一个温馨安逸的家。在这里品尝着主厨精心烹制的美味佳肴，度过三个小时轻松愉快的美好时光，这不就是餐厅所提供的最好的款待吗？

190

在优雅别致的洋房里
享受独一无二的『款待』

①古董吊灯精美可爱,开放
式的单间宽敞明亮,照片左
侧是漂亮的露台。②露台
上摆放着用天然原木切割
而成的椅子,在照片最靠前
的位置还摆放着一个大暖
炉。③另一间优雅简约的
单间,从整面的落地窗望出
去,就是满眼翠绿的庭院。

④胡萝卜沙拉带着鲜亮的橙
红色,以最优雅的状态呈现
在客人面前。⑤这道菜最下
面是菠萝(摆放的水果会随
着季节的变化而变化),上面
则装饰着大虾。⑥自制的巧
克力蛋糕和香浓咖啡是套
餐完美的结束曲!

菜 单

(只提供套餐)
牛排或烤牛肉(各)… 150克10500日元,
200克11550日元,250克12600日元,300
克13650日元
* 以上主菜均搭配前菜、应季汤品、面包、
胡萝卜沙拉、白灼时蔬、自制甜点、咖啡
或红茶

葡萄酒⋯⋯⋯⋯⋯⋯ 半瓶3000日元,
整瓶6000日元
波旁威士忌 双份⋯⋯⋯⋯⋯ 1200日元
啤酒 中瓶⋯⋯⋯⋯⋯⋯⋯⋯ 1000日元
* 服务费10%

📞 03-3399-6304

住 杉并区上荻2-24-18
交 JR荻洼站北出口,步行12分钟
营 预约时间开始后的三个小时
休 没有预约的时候
餐位 两组 (一组2~20位) 包间 2间 (人数在两组以内)
吸烟 不可 (有吸烟室) 预订 只限预约 刷卡 不可

烤鸡腿是超大份的。一只带骨鸡腿大约要烤15分钟的时间，吃起来口感饱满，汁水也很多

新鲜是斗鸡的金标准

军鸡重

昭和54年（1979年），军鸡重就在现在的位置、现在的这栋房子里开业了，餐厅专营萨摩嫩斗鸡料理。继承了父亲创下的这份家业，现在的老板冈安彻男是这里的第二代店主。从天花板到墙面再到地面，餐厅到处都是黑亮黑亮的，让人误以为走进了地窖。这里丰富多彩的斗鸡料理和各色本地清酒吸引着无数的男男女女，每天晚上他们都会相约来到这里畅聊畅饮，共享美食。

店里选用的鸡肉都是斗鸡和嫩肉鸡的杂交品种萨摩嫩斗鸡，而且只选母鸡。冈安彻男说这种鸡比起纯种的斗鸡来说肉质更加软嫩，味道扎实浓郁。餐厅每天都会进购两三只刚杀没多久的斗鸡，而且都是整只买回来自己处理，所以新鲜度绝对有保证。

"因为购买的是整只鲜鸡，所以希望大家有机会也来尝尝我们家的生鸡胸肉（刺身）。"冈安彻男特别推荐了他家的刺身。的确，就算在整个东京市内，像这样能够完全生吃的鸡胸肉也都是很少见的。

来军鸡重吃饭的客人没有不爱喝上几口的，因此这里的烤鸡肉串用的酱汁是香辣口味的，特别适合下酒，而鸡肉丸用的又是微甜的专用酱汁。冈安彻男无论是在食材还是在调料上都很爱琢磨，花了很多心思。

食五花八门的斗鸡料理，
饮丰富多彩的本地清酒

①大个的烤鸡串从前面开始分别是纯鸡肉、鸡翅根、鸡翅尖（照片中所示的烤鸡串均为酱烤）。三串儿是一人份的量。②客人下单之后才开始加工的清酒蒸鸡肉，约是一整片鸡胸的量。将鸡肉用酒蒸好之后，需要放在凉水中冷却一会儿，然后再洒上冰过的清酒，这道菜才会被端上桌。③将鸡腿肉、鸡胸肉和软骨绞成肉泥后制作出的铁板鸡肉丸，一人份为12个。当将其热乎乎地端上桌时酱汁所散发出来的香味十分诱人。

④店里有20多种清酒可供选择，阵容可不算小，照片中展示的是其中最畅销的九个品种。⑤冈安家父子两代人一心一意地经营着斗鸡料理。⑥整个餐厅被烟熏得黝黑黝黑的。

菜 单

斗鸡烤鸡串、铁板鸡肉丸……	各790日元	
斗鸡烤鸡胸、清酒蒸鸡肉……	各1050日元	
斗鸡烤鸡腿、鸡肉刺身……	各1580日元	
烤鸡皮　一串儿……	270日元	
用鸡皮包的饺子……	740日元	
鸡汤泡饭……	630日元	
清酒"八海山"普通酒　180毫升……	690日元	

清酒"雪中梅"普通酒　180毫升……	790日元
清酒"越乃寒梅"别撰　180毫升……	790日元
芋烧酒……	一杯740日元，
	700毫升5180日元
葡萄酒　187毫升……	740日元
啤酒　小瓶……	580日元
＊每桌都需要缴获席位费（定额）630日元	

☎03-3331-5551
住 杉並区西荻南2-29-18
交 JR西荻洼站南出口，步行八分钟
营 17:00—22:30（最后的点餐时间为22:00）
休 周天
餐位 25位　包间 无　吸烟 可以
预订 可以　刷卡 不可

炭烤黑毛和牛外脊牛排套餐240克，配菜里还有一整个烤土豆

自信出品的桐炭烤牛排

葡萄屋

在吉祥寺闹中取静的小街一角，优雅地矗立着一座南欧风格的建筑。半圆的拱形入口几乎要被四周的绿色植被给覆盖住了，石头墙壁的色彩时尚明快。建筑从地下二层到地上三层一共五层，葡萄屋就位于这座建筑的二层，其他楼层也是同一集团旗下的餐饮店。在葡萄屋就餐区的中央安装了一部炭火烤架，招牌菜烤牛排是由总厨师长北村喜久男亲自在现场制作的。

牛肉油脂是宫崎或鹿儿岛产的黑毛和牛肉，由于"牛排在烤制的过程中需要瞬间高温加热"，因此北村喜久男选用了方便调节火力的桐炭来进行烤制。烤之前还要先向客人展示牛肉，并询问客人所希望采用的烧烤方式。就算同时制作五份甚至十份，也还是可以保证让每位食客都能在最佳的火候享用到牛排大餐，这足以证明总厨师长的丰富经验和深厚功力了。套餐和午餐都配有沙拉、面包或米饭、甜点以及一份饮料，相当超值。

餐厅有三间设计典雅端庄的欧式包间，分别用莱茵河、摩泽尔河、勃艮第这三个葡萄酒产区的名字来命名。

①前菜是葡萄屋特选的牛肉刺身（两人份）。肉选用的是牛外脊上面的一块。②西式炖牛肉是午餐时段的热门菜。炖牛肉所用的蔬菜肉酱沙司，从进货开始需要用两周的时间来加工制作。③外脊肉是和土豆一起烤制的。使用桐炭来代替常规备长炭的做法可并不多见。④在餐桌位置的天花板上有很多粗大的房梁，餐厅的装修风格是那种厚重的古典风格。

菜 单

炭烤黑毛和牛外脊（里脊）牛排（各）
　200克＝单品5050日元　套餐6350日元
　240克＝单品5900日元　套餐7200日元
　280克＝单品6750日元　套餐8050日元
葡萄屋特选牛肉刺身　两人份⋯3150日元
葡萄屋特选牛肉塔塔　两人份⋯2650日元
西式炖牛肉（午餐）⋯⋯⋯⋯1900日元

切成小块的牛排（午餐）⋯⋯⋯2450日元
炭烤和牛牛里脊（午餐）⋯⋯⋯3150日元
葡萄酒⋯⋯⋯⋯⋯⋯⋯一杯600日元起，
　　　　半瓶2500日元起，整瓶3000日元起
啤酒　小瓶⋯⋯⋯⋯⋯⋯⋯⋯500日元
＊服务费10%

☎0422-22-0555

🏠武藏野市吉祥寺本町2-8-1

🚌 JR吉祥寺站中央出口，步行四分钟；京王井头线吉祥寺站，步行五分钟🕐 11:30—15:00【最后的点餐时间为14:00，周六、周日、节日时的营业时间至16:00（最后的点餐时间为15:00）】，17:30—22:30（最后的点餐时间为21:00）🈺 每月的第三个周一（3月和12月除外）餐位 70位 包间 3间（26个餐位）吸烟 可以（午餐时段全面禁烟）预订 可以 刷卡 可以

大号的汉堡肉饼在滚烫的铁板上滋滋作响，发出馋人的香气（图片里配的是蔬菜肉酱沙司）

八种独门酱汁激活你的味蕾

WOODSTOCK

　　WOODSTOCK背靠着绿树成荫、鲜花绽放的小金井公园，建筑的白色外墙上开着大大的窗户，屋顶是山形的，上面还有竖直的烟囱。无论是外观还是内部结构，都特别像是19世纪美国的基督教堂兼大礼堂。

　　"这里最初就是个木材仓库。据说20世纪60年代那会儿成了嬉皮士们的聚集地，所以才取名为WOODSTOCK 。"说话的这位是店长小泉茂，他曾经在电视牛排大赛上拿过冠军，现在仍然和厨师长高田信夫一起在后厨忙碌着。

　　将100%的和牛汉堡肉饼做成长条的类似于稻草卷的形状，是为了能够和最高级的黑毛和牛牛排一样，将其加工成三成熟的菜品供客人品尝。在制作时要先用备长炭微微烤一下，然后再用滚烫的铁板将其端上桌。如果喜欢这种半生的口味的话，就可以直接享用了，如果不喜欢，则可以先切开肉饼，然后再将切口在铁板上按压一下，再将其加热到自己喜欢的火候之后再吃。这样一来，即便是180克的重量，女食客也可以轻轻松松地将其吃下去。餐厅还特别准备了蔬菜肉酱、大豆酱等八种酱汁，搭配牛排或者汉堡肉饼食用，味道也很不错。

196

胖墩墩的汉堡肉饼，

三分熟至全熟随心享

①250克的超大外脊牛排只需要花费2630日元，这可是为了庆祝电视大赛夺冠而制作的特惠菜品。咖喱味的圆白菜起到了画龙点睛的作用。②特选黑毛和牛扒牛里脊180克。牛排的厚度有三厘米，吃起来很带劲。③小泉茂(右)和高田信夫。④船底形的天花板上垂下来由白炽灯泡组成的吊灯，灯光让木地板和木餐桌看起来非常柔和。

菜单

大号的汉堡肉饼 180克 ……… 1370日元	扒牛里脊
特制汉堡肉饼 300克 ……… 1790日元	…… 180克4730日元, 260克5780日元
一磅的汉堡肉饼 450克 ……… 2420日元	* 以上主菜均配有汤、面包或米饭、咖啡
WOODSTOCK 牛排 200克 ……… 2080日元	或红茶
特大牛排 350克 ……… 2920日元	葡萄酒…………………… 半瓶1100日元起
特选黑毛和牛（均配有沙拉）	啤酒、生啤 瓶装进口的 …… 各630日元
外脊牛排	
…… 220克4730日元, 350克6300日元	

☎ 042-384-4188

🏠 小金井市关野町2-1-4

🚃 从JR武藏小金井站北出口出来，乘坐去往三鹰站的公交车，车程为十分钟，然后在小金井公园前下车，步行一分钟

🕐 11:00—15:00（最后的点餐时间为14:30），17:30—23:00（最后的点餐时间为22:00）

🚫 12月31日、1月1日、1月2日以及5月、10月各有两天不定休

餐位 40位 包间 无 吸烟 可以 预订 可以（限工作日） 刷卡 不可

涮锅套餐(图片所示为三人份的量)中的肉就是招牌肉品近江牛眼肉,可以蘸着酸橙酱油或煎焙芝麻酱汁食用

全部食材均可追踪溯源

源助

　　店内所有的餐桌上都放有两张卡片,一张卡片上记录了餐厅所使用的牛肉的详细介绍、检验结果、出产牧场等信息,而另一张卡片上则记录了蔬菜、蘑菇、大米等26种食材的产地和出产农户等信息。源助的食品溯源系统可以说是相当完备了。

　　餐厅老板濑野康彦是个完美主义者,在他眼里,牛肉、酒和调味料均为立店之本,因此这些食材都是由濑野康彦亲自去市场实际品尝之后才决定进货的。牛肉主要以肉质细腻、香味浓郁的近江牛肉为主,而且还要先放在店里经过充分排酸之后才能使用。此外,餐厅出品的菜肴都比较适合搭配口味醇厚的酒来食用,因此老板在众多的清酒品类中只挑选了近江本地产的清酒"御代荣"。而在调料方面选用的都是超特选本酿造大豆酱油和纯天然酿造的本格味淋这一级别的,选材和工艺都相当讲究。

　　涮锅用的牛肉口味清甜,入口即化。配菜是精选的生豆腐皮和正宗的吉野葛根凉粉等,其奢侈程度堪比牛肉。蘸料是清淡的日式酱汁或酸橙酱油,相信肉本身的鲜味就足以打动你舌尖上的味蕾了。严选的安心食材再加上主厨精益求精的做事态度,品尝间你会发现源助的料理原来是可以打动人的内心的。

安心的近江牛肉

由完美主义者烹制的精选且

① 牛排套餐中的外脊肉，重量为250克，超厚超大块，其三分熟的口感最能体现出近江牛肉的特质。② 这些都是濑野康彦喜欢的酒，从右侧起分别是多摩啤酒、鹿儿岛芋烧海王、卡尔邦女酒庄葡萄酒、御代荣初声。③ 涮肉可以蘸着酸橙酱油食用。④ 对美食和酒都很着迷的濑野康彦。⑤ 餐桌与餐桌之间的距离非常大，明媚的阳光从窗口照射进来。

菜 单

涮锅、寿喜烧套餐 … 各3150～6300日元	清酒 "御代荣初声" 大吟酿
牛排套餐	… 180毫升1250日元，720毫升4800日元
外脊200克 ……… 6500～8500日元	烧酒…… 一杯600日元起，一瓶2000日元起
里脊……150克7000日元，200克8500日元	葡萄酒………………………… 一杯600日元起，
牛肉刺身……………………………… 1900日元	半瓶1700日元起，整瓶3200日元起
烤排酸牛舌…………………………… 1350日元	啤酒 中瓶………………………… 630日元
	* 服务费10%

📠 042-524-7846

🏠 立川市曙町2-3-1 PAERL IN大厦三层

🚉 JR立川站北出口，步行一分钟

🕐 11:30—14:30（最后的点餐时间为13:30），17:00—22:30（最后的点餐时间为21:30）*周六、周日、节日时的营业时间为12:00—22:00（最后的点餐时间为21:00）

🈺 周一（12月不休息）餐位 60位 包间 4间（30个餐位）

吸烟 可以 预订 可以 刷卡 可以

特制神户夏多布里昂牛排，里脊肉上带着漂亮的网纹，是美貌与美味的化身

炭火烤牛排的真本味

神户牛排屋

　　牛排屋的比萨种类丰富，还有多种尺寸可供选择。比萨饼坯儿薄厚适中且带着一点儿淡淡的咸味，搭配啤酒或者葡萄酒食用，味道都很不错。另外，曾经做过调酒师的老板还为大家带来了各种拿手的鸡尾酒。这里除了牛排，其他菜单也都非常精彩，果真是名副其实的全能牛排屋啊！

　　光是看菜单上的各种牛排就已经让人垂涎三尺了，好像每样都在说"选我选我选我"。牛肉选用的是A4级和A5级的黑毛和牛肉。在制作牛排之前，先要给整块的牛肉排酸，当牛肉进入最佳的品尝期之后才会被取出，在经过细致的前期处理之后，才会用备长炭对其进行烤制。

　　最高级的牛里脊其厚度是一般牛排的两倍，老板兼主厨若菜贞雄手法娴熟，由他精心烤制的特制神户夏多布里昂牛排是本店的招牌菜。虽然是三分熟的，但肉的内部也是温热的，而且口感相当嫩滑。将牛排蘸上由餐厅自制的清爽日式酱汁之后再放入口中，那备长炭所特有的香气便会瞬间沁入鼻腔，口味和香味都恰到好处，再加上十二分的精心准备，这样的牛排你只有在这里才能吃得到。

精致的特制神户夏多布里昂牛排，令香气滑过鼻腔直达舌尖

① 特制神户雪花牛外脊牛排个头大得惊人。汤品每日都会更新，沙拉用的是餐厅自制的法式酱汁，连小孩子都很喜欢。② 牛肉比萨的馅料都是用和牛 牛肉制作而成的(图片中所示的比萨是30厘米大小的)。用手指将自制的饼坯儿在碟子上展开，直接将其放入老式的烤炉中烤制。

③ 若菜贞雄(右)和负责接待客人的大儿子阿智。④ 餐厅里设有吧台(虽然不使用)，店内的装修风格属于那种轻松的乡村风格。

菜 单

特制神户夏多布里昂牛排…… 11340日元	肩背牛排午餐(工作日)…… 1575日元
特制神户雪花牛外脊牛排…… 10500日元	各种鸡尾酒…………………… 892日元起
培根卷牛里脊……………………… 4200日元	葡萄酒…………………… 一杯525日元,
肩背牛排定食…………………… 3150日元	半瓶2625日元起, 整瓶3650日元起
* 上述菜品均配有汤、沙拉和米饭	啤酒 中瓶…………………………… 630日元
牛肉比萨………… 30厘米的3780日元,	
25厘米的2625日元, 20厘米的1575日元	

☎ 042-552-2941
住 福生市熊川1115
交 JR牛滨站东出口, 步行十分钟;
营 12:00—14:30(最后的点餐时间为14:30), 17:00—22:30
(最后的点餐时间为22:30)
休 周四 (时有变化)
餐位 38位 包间 无 吸烟 不可 (有吸烟室)
预订 可以 刷卡 不可

麓山烧烤套餐"若菜"（4725日元，除了配菜和烤香鱼，其余的食材都是一人份的量），烤肉用的锅是专门定

在绿荫环抱的餐厅里享受山川河流的馈赠

麓山亭

　　餐厅位于郁郁葱葱的高尾山山麓，所以才有了麓山亭这一美丽的名字（"ROKU"是日语"麓"的发音，"ZAN"是"山"的发音）。建筑外墙用的是日本传统的白色灰浆，有粗大的柱子凸出于墙面。三角形屋顶的坡度很大，上面铺的是三州瓦，从外观上看，酷似白河乡（岐阜县庄川上游的山间村落）那人字形结构的民居。据说餐厅在建造之时，曾使用了将近五座古民宅的建筑材料。高高的天花板上一抱粗的原木房梁纵横交错，木地板发出了黝黑的光泽，怎么都想不到这里是一座建于平成2年（1990年）的建筑。窗户上用的彩绘玻璃、玄关大堂处安装的枝形吊灯，都散发出了浓厚的历史气息。

　　正如老板加藤雅己所说的那样，餐厅"将安全、安心的理念注入每一道菜肴之中"。麓山亭不使用任何加入了化学添加剂的调味料，烹调用的水全都是高尾山潜流的井水。店里所使用的猪肉是健丽水猪肉（健丽水指的是健康清洁的好水），而健丽水猪则是一种喝着清澈的健丽水长大，并用最原始的方式培育出来的、不使用任何抗生素和生长激素的健康猪，无论是炭烤还是涮锅，都经得住考验，大排肉清爽，五花肉鲜甜。那些日日生活在城市里的人们难得能在风景秀丽的山脚下享用一顿美食。餐厅坚持不使用海产品，全部食材是这山野溪流中的精华。正是因为加藤雅己的这份执着，我们才得以从餐厅的菜肴中感受到在季节的更替之间大自然所给予的不一样的馈赠。

202

安心、安全的健丽水猪，烧烤、涮锅两相宜

① 涮锅用的肉只选健丽水猪肉（图片中所示的大排肉和五花肉），锅底是餐厅用海带和鲣鱼自制的高汤。② 麓山烧烤的精品前菜（从最前面开始分别是银杏、炸豆腐卷、野姜寿司、芝麻拌陆鹿尾菜、甜煮栗子、甜味炖香菇、鸡蛋卷），全都是应季的美味（"若菜"套餐的前菜是其中的五种）。③ 二楼的包间"月光"，阳光从彩绘玻璃里照射进来，很美。④ 一层的包间"秋月"，装修质朴硬朗。大尺寸的木质餐桌是下凹式的日式餐位。⑤ 迷恋于建筑和料理的老板。

菜单

麓山烧烤套餐	3150～8400日元
麓山烧烤定食	2100～3990日元
健丽水猪涮锅	3675日元起
高尾三味（午餐）	2100日元
应季高尾三味（午餐）	3150日元
神户牛肉寿司	1890日元
神户牛肉刺身（塔塔）	各1575日元
清酒"藏人"纯米吟酿生酒 300毫升	
	1575日元
烧酒 一杯630日元，一瓶3675日元	
自制葡萄酒 360毫升	1575日元
啤酒 中瓶	630日元

* 麓山烧烤和涮锅要收取10%的服务费

📠 042-661-7827

🏠 八王子市高尾町2002

🚇 京王铁路高尾线高尾山口站，步行十分钟；或者JR高尾站北出口，打车五分钟 🕐 11:30—14:00（最后的点餐时间为14:00）、17:00—20:00（最后的点餐时间为20:00）*周六、周日、节日时的营业时间为11:30—20:00（最后的点餐时间为20:00）🈳 周一（遇到节日则改到次日）餐位 80位 包间 6间（80个餐位）吸烟 仅室内可以 预订 可以 刷卡 不可

就连巴黎人也赞不绝口的马肉

　　差不多30年前吧，我在主妇之友出版社整理江上TOMI老师即将出版的单行本《西洋料理》时就曾听说"马肉非常容易消化，所以适合给孩子或者病人食用"。当时我只知道在日本的九州和东北各地以及长野县等是吃马肉的，可是我自己却从来都没有吃过，因此感到非常吃惊。

　　在那之后，我曾有机会到熊本县做一个与寿司相关的采访，在那里吃到了用马肉做的手握寿司，竟然比用金枪鱼腩做的还要好吃，让我颇为惊喜。还有一次去巴黎出差，经过十几个小时的长途飞行，到达巴黎时已经累得筋疲力尽了。晚餐造访的那家餐厅菜单上有马肉塔塔，我立刻便想到了江上老师说的"累的时候就吃这个"，于是就点了一份。没想到老板娘连连点头，夸我点得好。马肉塔塔里只放了橄榄油、盐和一点儿胡椒，口味清淡，非常鲜美。

　　森下的美浓家和日本堤的中江都是专营马肉料理的老铺，听说过去男人们都喜欢在这里吃马肉刺身和马肉锅来补充体力。此外，在两国的野味屋，你还能吃到用野猪肉、鹿肉和熊肉这些野兽肉做成的料理，这在过去，可一直都被视为是猎人之间的一种高规格的款待。

横浜市

店里的金字招牌——胜烈定食，标配是方形的炸小里脊猪排，吃的时候可以多蘸一点儿店里自制的酱汁

由初代店主创作的和风炸肉排

胜烈庵

　　胜烈庵是于昭和2年（1927年）开业的，听说是初代店主看到外国厨师做的炸猪排很受欢迎，而从中得到灵感，经过反复尝试，终于做出了带有自家特色的日式炸猪排，之后便有了这家店。本店的特色炸猪排要先把小里脊肉切成方形，然后再做成厚度均匀的肉排入锅炸制。因为加热时间短，肉汁不会流失，所以口感格外松软。

　　面包糠是用当地知名的法式饼屋马车道十番馆专门为胜烈庵烤制的面包自己加工的，因此猪排的外皮非常轻薄、酥脆。此外，这里还有独门秘制的无添加酱汁，是将苹果、西红柿、胡萝卜等水果、蔬菜放在一起炖煮整整两天，然后再醒上一天才制作出来的，做好的酱汁必须当天用完，剩下的就不要了。刚出锅的炸猪排浇上新鲜的酱汁，能让食客同时享受到猪肉、外皮和酱汁的美味，这才算得上是胜烈庵的一派绝技。

　　店里各处都挂着著名版画家栋方志功的画。看着这些刚劲有力的大作，口中的炸猪排似乎也变得更有风味了。

206

自制的面包糠、酱汁以及炸猪排的时间、火候、这些独到之处等着你来品尝

①用日本国产的猪肉做的炸大排酥酥脆脆的，外皮和肉都很松软。②拼盘里有铁板照烧鸡肉和两块炸小里脊（每块都被切成了两片），另外还有一只炸大虾，值得尝试。③特制炸小里脊猪排三明治是一道能够让你轻松品尝到胜烈庵拿手美味的菜品，而且还可以外带，特别受欢迎。④二层的餐桌位布置得很有老铺特有的风格。⑤二层的日式餐位，地上铺着藤席，墙上装饰着栋方志功的画作。

菜　单

胜烈（炸大排）定食 ………	各1370日元	特制炸小里脊猪排三明治………	950日元
炸嫩鸡定食………………	1050日元	特制炸小里脊猪排三明治　外带	
炸大虾定食………………	1790日元	………………………………	1000日元
炸串定食…………………	1160日元	铁板照烧鸡肉（盐烤）………	各950日元
一口炸猪排定食…………	1260日元	清酒"剑菱"小瓶……………	400日元
拼盘定食…………………	2100日元	清酒"月桂冠"生酒 小瓶……	700日元
大胜烈（大块炸大排）定食 …	各2000日元	葡萄酒 300毫升……………	600日元
*定食都配有米饭、蚬子汤、新腌小菜		啤酒 中瓶…………………	500日元

📞 045-681-4411

🏠 横滨市中区常盘町5-58-2

🚉 横滨市营地铁关内站9号出口，步行一分钟；未来港线马车道站5号出口，步行三分钟；JR根岸线关内站北出口，步行五分钟 🕚 11:00～21:00（最后的点餐时间为21:00）🈳 无休 餐位 176位 包间 1间（50个餐位）吸烟 不可（二层有一个吸烟角）预订 可以 刷卡 可以

名菜牛肉锅选用了不同部位的高级牛肉，图片中所示的锅（一人份的量）里有牛腿肉、牛肩肉和牛肋肉

不同肉质赋予一道菜丰富的口感

荒井屋总店

　　大家都喜欢管这条小街叫亲不孝通，周边的风俗店一间挨着一间，只有荒井屋一家显得格外与众不同。这座于昭和30年（1955年）前后建成的纯日式大宅，就像是家里那位趾高气扬的顽固老爹一般，正直自信且又古道热肠。荒井屋有一家很时尚的分店，就对着港口，开在颇有"横滨味"的万国桥附近。可尽管如此，还是有很多客人就点名要预订总店，也许正是被它这种出淤泥而不染的高贵气质所吸引了吧。

　　餐厅使用的肉品主要是仙台产的黑毛和牛肉，一般都是整头购买，让卖家处理好之后再送过来，所以不管是锅料理还是刺身，其最大的特点就是可以品尝到各种部位的不同口感。牛肉锅里配了好几种肉：用雪花前肋肉制作的牛肉刺身片厚味甘；用牛脸肉制作的炖牛肉脂香浓郁，绝对能够让你获得一种满足感。

　　餐厅是于明治28年（1895年）在这里创店的，现在的老板兼女掌柜荒井顺子是第四代店主的妻子，她继承了丈夫留下来的家业，守住了荒井屋的招牌，也守住了这份横滨的老味道。

208

源于横滨的牛肉锅

在横滨的料理店品尝

①特选牛肉刺身被盛放在一个精美的有田烧碟子里，靠前的是前肋肉，后面的是小腿肉，可以搭配着蒜泥和姜泥，蘸着大豆酱油吃。②炖牛肉就是用酱油煮牛脸肉，配菜特别丰富，内行人和常客都管它叫碟儿。③女店主在通往二楼包间的玄关处朝我们微笑，这样的大美人曾经入选过横滨小姐，真是一点儿都不稀奇啊！④二层的包间，走廊左边有三间，右边有两间，往里走还有五间。⑤一层的散座装修得很像大众餐馆，可以让人轻松光顾。

菜 单

名菜牛肉锅……………………3150日元	（午餐）牛肉鸡蛋盖饭、牛肉锅定食	
牛肉锅套餐…………………6000日元起	各900日元	
寿喜烧…………………………4500日元	清酒"道灌"山废 720毫升……3150日元	
特选牛肉刺身…………………3500日元	烧酒……一杯420日元，一瓶3150日元起	
炖牛肉……………………………800日元	葡萄酒………………………180毫升700日元，	
（定食）木盒寿喜烧盖饭………1600日元	半瓶2100日元，整瓶3150日元起	
简版牛肉锅……………………2100日元	啤酒 中瓶…………………………580日元	

* 锅料理需要加收 10% 的服务费

📞 045-251-5001

🏠 横滨市中区曙町2-17

🚇 横滨市营地铁伊势佐木长者町站6号出口，步行六分钟；或JR根岸线关内站北出口，步行八分钟

🕐 11:30—5:00（最后的点餐时间为14:30）*周六、周日、节日的营业时间为 11:30—22:00（最后的点餐时间为21:30）休 每月的第三个周二 餐位 154位 包间 11间（100个餐位）吸烟 可以 预订 可以 刷卡 可以

209

特级厚切牛肉锅(图片所示为三人份的量)里的牛肉是雪花眼肉,锅台是用柏木定制的精细木作,烧的是备十

难道牛肉锅的鼻祖是个醉汉

太田绳暖帘

　　初代店主高桥音吉的老家在能登,直到横滨开港后他才来到了这里。一开始他只摆摊卖牛肉串,明治元年〔1868年〕,他用存下来的钱在现在的位置开了餐厅,说他是牛肉锅的鼻祖也不为过。

　　高桥音吉从野猪肉火锅中得到启发,用味噌酱来去除牛肉的腥膻味。另外,据说他是个即便是早上也要喝一盅的醉翁,他觉得把牛肉切成薄片实在是太麻烦了,所以就"发明"了一直沿用至今的厚片肉。

　　不管怎么说,餐厅能持续经营140多年,其秘诀都在味噌上。在江户甜味噌里加入味淋、高汤一起熬煮,再放进大锅里醒一宿,让鲜味完全渗入进去,使味噌变得浓郁,和汤底的匹配度超高。肉的火候可以按客人的喜好来调整,不过最推荐的还是将肉煮到半熟时品尝,厚切的牛肉块裹着热乎乎的味噌酱汁,吃起来就像是三分熟的牛排一般,这无与伦比的美味真是让人垂涎三尺啊。店里的就餐环境恬静优雅,墙上装饰着《小阿福》等由漫画家横山隆一创作的画作。服务员个个彬彬有礼的,真不愧是一家百年老店。

① 牛肉刺身（照片所示为一人份的量）用的是高级的牛霖（牛腿的中心位置），配菜是蒜泥、荞头、信州辣萝卜。②用备长炭烤牛霖所制作出来的网烧牛肉价格是5770日元（照片所示为一人份的量，120克）。③刚做好的特级厚切牛肉锅，秘传味噌汤底滚沸的香气已经侵入脏腑。④包间"茜"带有一些明治风情，是日西合璧的餐桌席。⑤对着花园的包间"蓝"和"山吹"，将隔断去掉之后，可以作为一间大房间使用。

百年老号的支柱

秘传味噌和厚切牛肉是撑起

菜　单

厚切牛肉锅……………………… 5770日元	牛锅餐（仅限午餐时段）……… 7870日元
特级厚切牛肉锅………………… 6820日元	清酒"白鹿"纯米 300毫升 …… 1260日元
牛排……………………………… 8400日元	清酒"白鹿"山田锦 300毫升 … 1470日元
牛肉刺身………………………… 3150日元	烧酒　一瓶…………………… 5250~9450日元
套餐	葡萄酒　整瓶………………… 6300日元起
"花" 9450日元，"梅" 10500日元。"福"（"滨"）各12600日元，特选15750日元	啤酒　中瓶…………………… 730日元
	* 服务费10%

☎ 045-261-0636

🏠 横滨市中区末吉町1-15

🚃 京滨急行线日出町站，步行七分钟

🕐 17:00—22:00（最后的点餐时间为21:00）*周六、周日、节日时的营业时间为 12:00—15:00（最后的点餐时间为14:00），17:00—21:00（最后的点餐时间为20:00）

🚫 周一　餐位 100位　包间 11间（100个餐位）吸烟 可以
预订 可以 刷卡 可以

特选牛肉锅(图片所示为四人份的量)里的肉是手工切的仙台和牛肉,是母牛的眼肉,使用由铁砂特制而成的砂锅和备长炭来烹制

超越时代传承至今的开明之味

蛇眼屋

　　"在佐木看完演出回来吃一顿牛肉锅,这在明治、大正时代被认为是最时髦、潇洒不过的事了。蛇眼屋就是从那时起,伴随着伊势佐木町的变迁一路走过来的。"店铺介绍册上这样写着。经历了做牛肉荞麦面、牛肉乌冬面的大排档时代,明治26年(1893年),餐厅在现在的这个地方开业了。100多年来这里只专注经营牛肉锅,坚持将文明开化的横滨味道传承至今。

　　牛肉锅里事先会放满汤底。要先吃肉,将肉在锅里涮两次就可以吃了。然后再将香菇、魔芋丝、烤豆腐、大葱,还有在其他店里比较少见的洋葱等配菜一起放入锅里煮,眼看快要收汁的时候再按照浓淡汤底不同的方式调节火力,接下来就可以趁热享用吸饱了肉汤的各种配菜了。

　　决定牛肉锅味道的汤底(浓版)是用酱油、味淋和砂糖一直熬煮而成的,为了让口感更加顺滑、浓郁,还要将煮好的汤底放在瓶子里熟化一个星期。相较于品牌,餐厅更注重肉本身的品质,精选牛肉和新鲜配菜一起用秘传的汤底炖煮,真是香飘四溢啊。

熟化一周只用一天的汤底是本店的王牌

①汤里的煮肉发出了浓郁的香气，店主能根据这个味道判断出汤底做得成功与否。②特选牛肉锅搭配的方碗小菜，照片前面的是开胃冷菜，两个碗里分别盛的是刺身和醋拌菜（照片里所示为一人份的量），除此之外，还有腌菜、米饭、甜点。③榻榻米包间里配的是木质的餐桌椅。在长条的大房间里可以加上隔断，将其变成小包间。④可以轻松光顾的散座餐桌位，正对着伊势佐木町大街。

菜 单

牛肉锅套餐·············· 6900日元	清酒"白鹤" 180毫升 ········· 520日元
特选牛肉锅·············· 9900日元	清酒"醉鲸"纯米 300毫升 ···· 2100日元
涮锅套餐·············· 7000日元	烧酒········ 300毫升 1600日元起，
特选涮锅·············· 11500日元	一瓶4200日元
牛肉锅·············· 5300日元	葡萄酒 半瓶········ 3600日元，5800日元
牛眼肉·············· 7900日元	啤酒 中瓶·············· 730日元
牛里脊·············· 8400日元	* 包间需要加收10%的服务费
涮锅·············· 5300日元	

📞 045-251-0832

🏠 横滨市中区伊势佐木町5-126

🚇 京滨急行线黄金町站，或横滨市营地铁阪东桥站3号出口，分别步行五分钟

🕐 17:00～21:15（最后的点餐时间为21:15） 周六、周日、节日的营业时间为 12:00～21:00（最后的点餐时间为21:00） 🈺 周一（12月和1月不定休）   餐位 160位

包间 7间（120个餐位）吸烟 可以 预订 可以 刷卡 可以

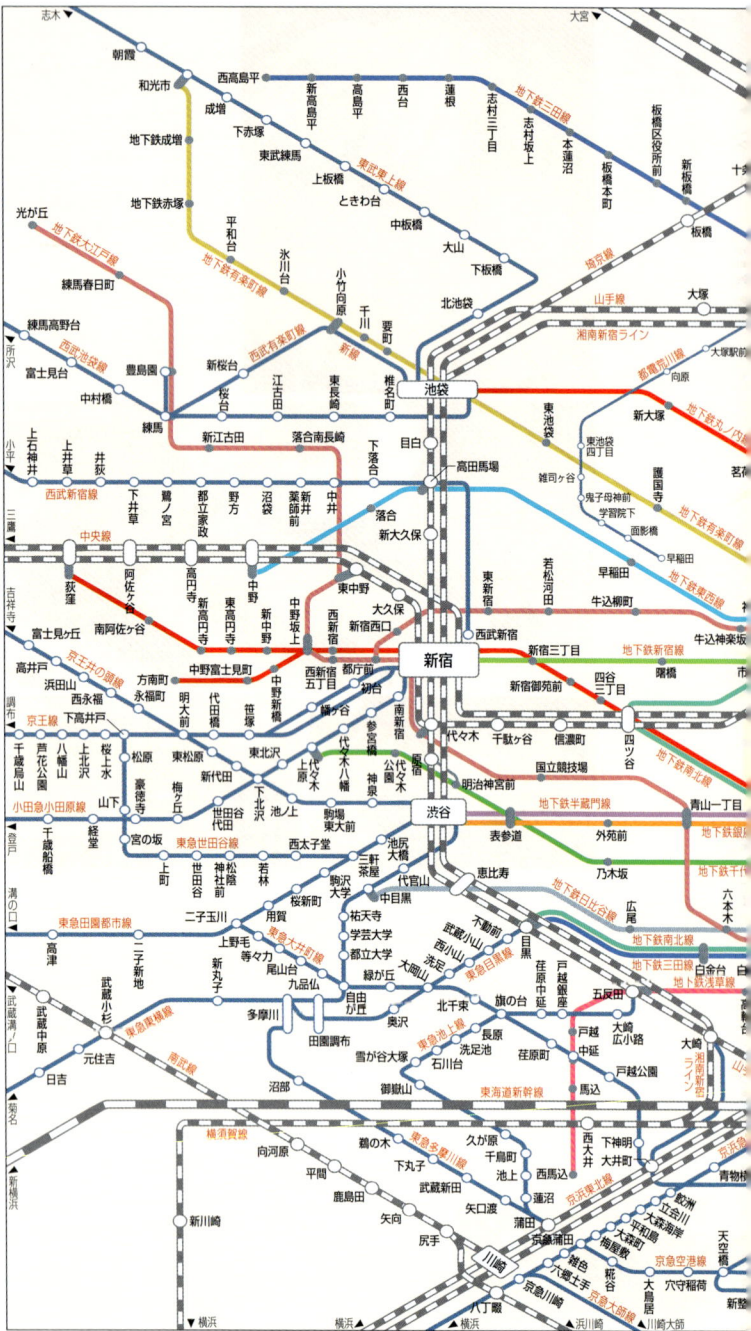

東京铁道路线图

志木　大宮

朝霞
和光市
成増
地下鉄成増
地下鉄赤塚
光が丘
地下鉄大江戸線
練馬春日町
練馬高野台
富士見台
中村橋
西武池袋線
豊島園
練馬
上石神井　井荻
上井草
西武新宿線
下井草
鷺ノ宮
都立家政
野方
沼袋
新井薬師前
新中野
中野坂上
西武新宿
新線池袋
小竹向原
千川
要町

西高島平
新高島平
高島平
西台
蓮根
志村三丁目
志村坂上
本蓮沼
板橋区役所前
板橋本町
新板橋
十

下赤塚
東武練馬
上板橋
ときわ台
中板橋
大山
下板橋
北池袋
埼京線
大塚
山手線
湘南新宿ライン

東武東上線
地下鉄三田線

江古田
新桜台
桜台
新江古田
落合南長崎
下落合
目白
高田馬場
中井
落合
新大久保
新井
東中野
大久保
中野
中野新橋
新宿西口

池袋
東池袋
東池袋四丁目
護国寺
雑司ヶ谷
鬼子母神前
学習院下
面影橋
早稲田
若松河田
牛込柳町
牛込神楽坂
飯田橋

地下鉄有楽町線
地下鉄丸ノ内線
地下鉄東西線

新大塚
茗荷
国

中央線
荻窪
阿佐ヶ谷
高円寺
東高円寺

新宿
都庁前
新宿御苑前
新宿三丁目
四谷三丁目
曙橋

京王井の頭線
富士見ヶ丘
高井戸
浜田山
西永福
永福町
方南町
中野富士見町
代田橋
明大前
笹塚
幡ヶ谷
初台
南新宿
参宮橋
代々木
千駄ヶ谷
信濃町
四ツ谷
国立競技場

地下鉄南北線

京王線
千歳烏山
芦花公園
八幡山
上北沢
桜上水
下高井戸
松原
東松原
新代田
世田谷代田
梅ヶ丘
豪徳寺
山下
下北沢
世田谷
松陰神社前
若林
代々木上原
代々木八幡
神泉
駒場東大前
池ノ上
代々木公園
明治神宮前
外苑前
青山一丁目
乃木坂
六本木

渋谷
表参道

地下鉄半蔵門線
地下鉄銀座線
地下鉄千代

小田急小田原線
経堂
宮の坂
上町
東急世田谷線
太子堂
三軒茶屋
駒沢大学
桜新町
用賀
池尻大橋
三宿
中目黒
恵比寿

地下鉄日比谷線
広尾
地下鉄南北線
地下鉄三田線
白金台
地下鉄浅草線

東急田園都市線
高津
二子玉川
二子新地
上野毛
等々力
尾山台
九品仏
武蔵溝ノ口
武蔵中原
元住吉
日吉
武蔵小杉
東急東横線
多摩川
田園調布
雪が谷大塚
石川台
御嶽山
新丸子
自由が丘
奥沢
東急池上線
東急大井町線
学芸大学
都立大学
緑が丘
大岡山
洗足
旗の台
北千束
長原
洗足池
荏原中延
荏原町
東急目黒線
不動前
武蔵小山
西小山
目黒
五反田
大崎広小路
大崎
戸越銀座
戸越
中延
下神明
馬込
戸越公園
湘南新宿ライン
大井町

南武線
川崎新町
向河原
平間
鹿島田
矢向
尻手
新川崎
新横浜
横浜

鵜の木
下丸子
武蔵新田
蒲田
矢口渡
池上
蓮沼
京急蒲田
久が原
千鳥町
西馬込
馬込
大森町
梅屋敷
雑色
六郷土手
京急川崎
川崎大師
穴守稲荷
天空橋
京急空港線
京急大師線
京浜蒲田
蓮沼

川崎
横浜
浜川崎
八丁畷

214

路线说明

凡例	
新 幹 線	地下鉄新宿線
Ｊ Ｒ 線	地下鉄東西線
私 鉄 線	地下鉄日比谷線
地下鉄銀座線	地下鉄半蔵門線
地下鉄丸ノ内線	地下鉄三田線
地下鉄千代田線	地下鉄南北線
地下鉄有楽町線	地下鉄大江戸線
地下鉄浅草線	

215

朝霞

朝霞市　和光市　浮間舟渡

新座市　埼玉県　和光市　北赤羽

和光IC　東北・上越長野新幹線　赤

成増

関越自動車道　東京外環自動車道　北区

東武東上線　板橋区　十条　埼京線

大泉学園　練馬IC　東武練馬

石神井公園　上板橋　ときわ台

保谷　練馬区　江古田　板橋

環八通り　としまえん　桜台　豊島

東伏見　武蔵関　練馬　池袋　大サンシャインシティ

西武新宿線　井荻　目白　護国

武蔵野市　善福寺公園　東長崎　高田馬場　早大

P175　吉祥寺　中央線　哲学堂公園　新井薬師　東中野

三鷹　西荻窪　荻窪　新井薬師卍

P175　P174　阿佐ヶ谷　高円寺　中野　東中野

3 P222　中野区　**4 P224**

井の頭公園　杉並区　新宿区

京王井の頭線　環七通り　都庁　新宿　新宿御苑

高井戸　東京都　代々木　四ツ

三鷹市　中央自動車道　高井戸IC　明治神宮前　千駄ヶ谷　信濃町

7 P230　原宿　**8 P232**

芦花公園　桜上水

甲州街道　千歳烏山　仙川　蘆花恒春園　渋谷区　渋谷　港

つつじヶ丘　下北沢　恵比寿

調布市　豪徳寺　山手通り　恵比寿ガーデンプレイス

P140　祖師ヶ谷大蔵　経堂　東急世田谷線　三軒茶屋　中目黒　目黒

狛江市　成城学園前　馬事公苑

喜多見　世田谷区　東京IC

狛江　砧公園　東京　**11 P238**　**12 P240**

登戸　宿河原　玉川通り　駒沢公園　目黒不動卍　五反田

多摩区　二子玉川　東急大井町線　目黒区　品川

久地　白黒通り　洗足　東急目黒線

465　等々力　自由が丘　大岡山　旗の台

津田山　等々力渓谷　**15 P246**　田園調布　**16 P248**　東急大井町線　西

武蔵溝ノ口

東名川崎IC　宮前区　武蔵新城　多摩川　横須賀線　大

高津区　宮前平　489　武蔵中原　南武線

武蔵野貨物線　向河原　武蔵小杉　本門寺卍　池上

あざみ野　神奈川県　川崎市中原区　池上線　京浜東北線　京急本線

横浜市都筑区　平間　矢口渡　P53　蒲田　蒲

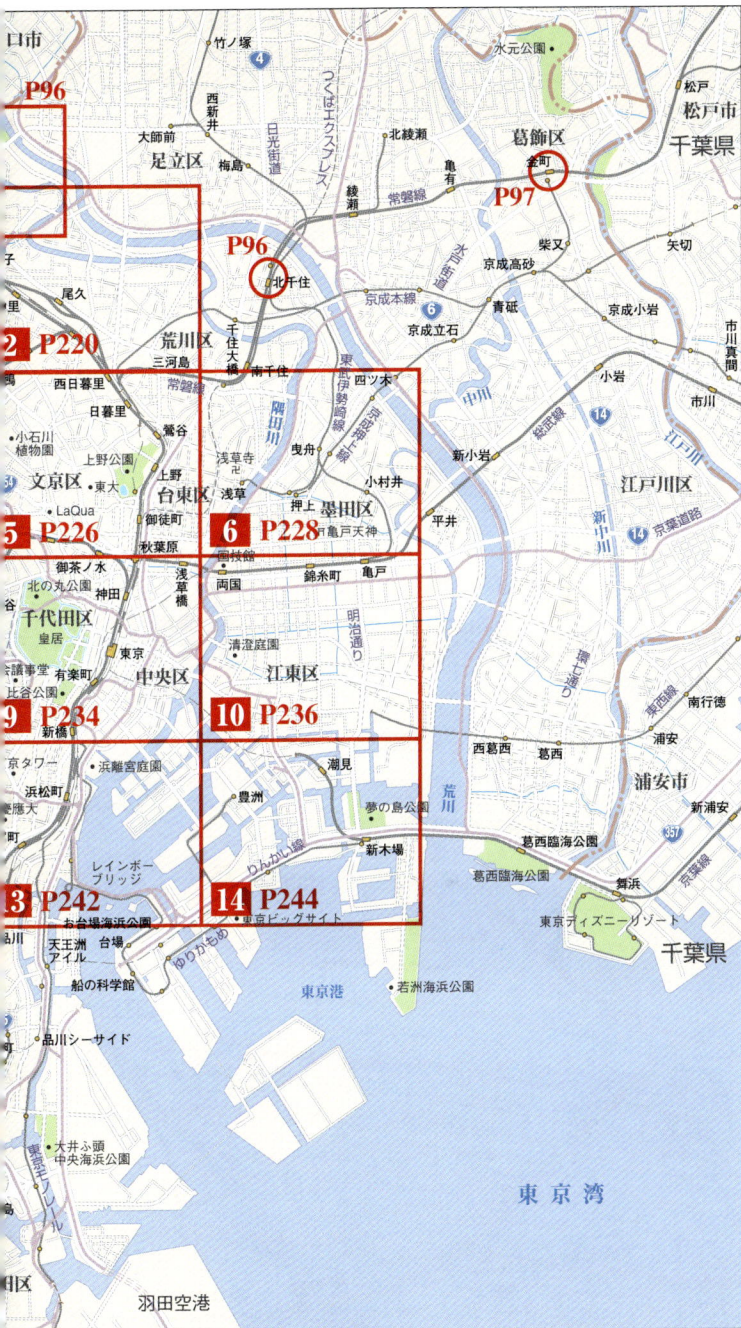

口市

P96

竹ノ塚

西新井

大師前

梅島

足立区

日光街道

つくばエクスプレス

北綾瀬

綾瀬

亀有

常磐線

水元公園

松戸

葛飾区

松戸市

千葉県

P97

金町

柴又

矢切

京成高砂

P96

北千住

京成本線

青砥

京成立石

京成小岩

小岩

市川真間

市川

子

尾久

里

2 **P220**

荒川区

三河島

千住大橋

南千住

常磐線

西日暮里

日暮里

鶯谷

東武伊勢崎線

四ツ木

小村井

京成押上線

曳舟

浅草寺

新小岩

総武線

江戸川区

中川

新中川

京葉道路

江戸川

市川市

小石川
植物園

上野公園

上野

文京区

東大

LaQua

御徒町

秋葉原

5 **P226**

台東区

浅草

押上

墨田区

亀戸天神

平井

亀戸

6 **P228**

御茶ノ水

北の丸公園

神田

千代田区

皇居

浅草橋

両国

錦糸町

明治通り

東京

会議事堂

有楽町

比谷公園

中央区

江東区

清澄庭園

環七通り

東西線

南行徳

9 **P234**

新橋

10 **P236**

京タワー

浜離宮庭園

浜松町

應大

町

レインボー
ブリッジ

豊洲

潮見

夢の島公園

新木場

西葛西

葛西

浦安

荒川

浦安市

新浦安

京葉線

357

3 **P242**

お台場海浜公園

14 **P244**

りんかい線

東京ビッグサイト

葛西臨海公園

葛西臨海公園

舞浜

品川

天王洲
アイル

台場

船の科学館

ゆりかもめ

東京港

若洲海浜公園

東京ディズニーリゾート

千葉県

品川シーサイド

大井ふ頭
中央海浜公園

区

羽田空港

東京湾

1：140,000

0   5千米

地図上端为正北方向

217

本蓮沼駅

西が原競技

首都高速

泉町

中山道

富士見街道

板橋本町駅

ときわ通り

氷川神社

智清寺 卍

ときわ台駅

中板橋駅

石神井川

板橋区

板橋中央陸橋

環七通り

川越街道

豊島病院

老人医療
センター

仲宿

板橋区役所 ◎

日大板橋病院 ●

日大 🄯

大山西町

大山駅

板橋区
文化会館

板橋交通公園 ●

東武東上線

大山金井町

熊野町

要町三

千川駅

ハタスポーツ
プラザ

劇場通

要町通り
有楽町線

P142

千早公園

要町駅

豊島区

板橋区

要町一

卍 祥雲寺

P143

清水坂公園

P143

南北線

王子神谷駅

環七通り

東十条駅

●埼玉屋

京浜東北線・宇都宮線・高崎線

東北・上越新幹線

十条駅

北区

P96

附属病院

⊗帝京大

埼京線

名主の滝公園●

板橋加賀二 ●●

東京家政大
⊗

陸上自衛隊
十条駐屯地

●東板橋公園

●東板橋体育館

中央公園

北区役所 ◎

王子神社

音無橋

滝野川四 ●●●

滝野川病院前 ●●●

新板橋駅

首都高速

滝野川一丁目

●南板橋公園

滝野川二 ●●

西ヶ原四丁目

板橋駅

下板橋駅

西巣鴨 ●●

西巣鴨駅

新庚申塚

南谷端公園

大正大
⊗

都電荒川線

北池袋駅

池袋
本町公園

庚申塚

豊島
市場

染井霊園

上池袋 ●●

都電荒川線

P143

●豊島清掃工場

北大塚三 ●●

巣鴨新田

P143

空蝉橋下 ●●

●池袋六ツ又陸橋 ●●

山手線

1：22,500

0   500米

地图上端为正北方向

219

隅田川

江北橋

王子神谷駅

サミット

豊島五

消防署前

北区

宮城

北本通り

王子三

首都高速

南宮城公園

豊島三

みやぎ水再生
センター

P96

隅田川

溝田橋

JT

小台公園

北とぴあ

王子駅

印刷局王子工場

あらかわ遊園

王子駅前
サンスクエア

王子駅

都電荒川線

飛鳥山公園

栄町

梶原

荒川車庫前

荒川遊園地前

飛鳥山

梶原

飛鳥山

宇都宮線・高崎線

小

印刷局
滝野川工場

上中里駅

尾久駅

明治通り

一里塚

西ヶ原駅

本郷通り

東北・上越新幹線

西尾久四

滝野川体育館

西ヶ原三

滝野川会館

京浜東北線

西ヶ原公園

西ヶ原

田端高台通り

旧古河庭園

南北線

豊島区

霜降橋

西中里公園

山手線

大龍寺

アスカタワー

染井霊園

女子栄養大

P143

染井通り

駒込駅

東中里公園

八幡神社

猪排平

駒込東公園

巣鴨駅

六義園

不忍通り

本駒込図書館

文京区

北宮城町公園 ■

扇中央公園 ●

扇東公園 ●

卍 性翁寺

興本センター前

本木新道

尾竹橋通り

足立区

吉祥院 卍

扇南公園 ●

光輪寺 卍

扇大橋通り

江北橋緑地

扇大橋北詰

首都高速

扇大橋

荒川

北橋緑地

扇大橋南

尾竹橋公園 ●

尾竹橋

隅田川

マルエツ ●

尾久橋

荒川区民運動場

尾久の原公園

町屋図書館 ●

町屋六

八幡神社 ⛩

首都大東京（荒川）⊗

荒木田

宮ノ前

熊野前

熊野前

尾竹橋通り

上智厚生病院 ●

荒川区

東尾久三丁目

満光寺 卍

町屋一

町屋二丁目

町屋駅前

荒川七丁目

田端新町三

尾久橋通り

町屋駅

都電荒川線

荒川自然公園

田端新町一

荒川二丁目

新三河島駅

宮地

明治通り

荒川区役所 ◎

荒川区役所前

京成本線

千代田線

荒川公園 ●

サンパール荒川

西日暮里駅

西日暮里五

三河島駅

常磐線

1 : 22,500

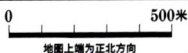

0   500米

地図上端为正北方向

221

中村児童館●

南蔵院前

卍
南蔵院

南蔵院通り

●学田公園　練馬区

豊中公園入

氷川神社 ⛩

上鷺東公園

中村南一

徳殿公

鷺宮四

都立家政

新青梅街道

丸山陸橋

中杉通り

鷺ノ宮駅

都立家政駅

西武新宿線

環七通り

鷺宮体育館●

福蔵院 卍

野方駅

妙正寺川

大和公園

⛩八幡神社

大和町中央通り

卍 蓮華寺

早稲田通り

中杉通り

阿佐谷北四南

大和町三

大和陸橋

早稲田通り

●馬橋公園

阿佐谷教会

P174

神明宮
⛩

世尊院 卍

東急ストア

●西友

河北総合病院

けやき公園

中央線

高円寺駅

阿佐ケ谷駅

鳥成

中杉通り

長仙寺 卍

高円寺 卍

杉並区

高円寺南四

高円寺南五

桃園川緑道

青梅街道

◎杉並区役所

丸ノ内線

南阿佐ケ谷駅

新高円寺通り

高円寺図書館●

高円寺体育館●

環七通り

高円寺陸橋下

東高円寺

豊島区

新江古田駅

豊中通り

北江古田公園

江原町三西
目白通り
都営大江戸線

江原公園　南長崎六

西武池袋線

東急
ストア

東長崎駅

西椎名町
公園

豊玉南一東

慈生会病院
武蔵野療園病院
中野江古田病院

江古田三

西落合
北公園

新青梅街道

水の塔公園

沼袋

江古田公園

蓮華寺下

哲学堂公園

妙正寺川公園

落合南長崎駅

西落合一

妙正寺川

沼袋駅

西落合公園

新宿区

光徳院

文 目白大

の森公園

北野神社

新井
公園

新井薬師

新井薬師前駅

西武新宿線

水再生
ンター

新井五差路

上高田本通り

落合公園

妙正寺川

功運寺

中野区

中野通り

上高田
二公園

上高田一

体育館

新井

中野ブロードウェイ

東急ストア

打越公園

中野サンプラザ

野区役所 ◎

中野五

早稲田通り

竜興寺

東西線

東中野駅

落合駅

町公園

中央線

東中野駅

中野駅

なかのZERO文化センター

勤労福祉
会館

紅葉山公園

都営大江戸線

山手通り

中野五差路

中野
総合病院

紅葉山公園下

谷戸運動公園

大久保通り

中野通り

宮下

中央公園

央西公園

宝仙寺

中野坂上駅

1：22,500

0　　　　500米

地図上端为正北方向

223

有楽町線　**P142**

千早フラワー公園●

丸井

立教大 ⊗

東京芸術劇場

東

敬愛病院●

三田屋总店
池袋店

西武池袋線

金剛院卍　●西池袋二公園

ホテルメトロポリタン

椎名町駅

上り屋敷公園

自由学園

目白庭園●

南長崎一

目白通り

目白教会

目白駅

埼京線

中落合二

学習院 ⊗

薬王院卍

おとめ山公園

山手線

P142

猪排太

妙正寺川

新目白通り

中井駅

西武新宿線

下落合駅 ⊗

高田馬場駅

都営大江戸線

東京富士大

OKASIRA

西友

水再生センター

神田川

落合中央公園●

ビッグ
ボックス

猪排久

上落合一

P174

馬場□

落合駅

小滝橋

高田馬場公園●

諏訪神社

山手線

諏訪通り

玄国寺卍

諏訪町

西戸山公園●

埼京線

戸山公園●

新宿スポーツ
センター

北柏木公園●

ふれあい
公園

西武新宿線

都健康安全
研究センター

早稲田大
理工学部 ⊗

東中野駅

中央線

淀橋市場

明治通り

淀橋市場前

中野
区

社会保険
中央病院

新宿区

●北新宿公園

新
大
久
保
駅

小泉八雲
記念公園

大久保通り

北新宿一

大久保

大久保駅

西大久保公園●

東新宿□

池袋六ツ又陸橋
山手線
大塚駅
吉松亭
豊島区役所 東池袋公園
大塚駅前
P143
三越
大塚台公園
大塚駅南口
P143
丸ノ内線
東急ハンズ
サンシャイン60
向原
東口五差路
向原
春日通り
南池袋公園
新大塚駅
遠妙寺
東池袋駅
南池袋一
豊島区
東池袋四丁目
大塚病院
宗明寺
東京音大
雑司ヶ谷
大塚公園
都電荒川線
雑司が谷霊園
豊島ヶ岡御陵
大塚三
鬼子母神
P142
護国寺
不忍通り
鬼子母神前
文京スポーツセンター
教育の森公園
千登世橋
護国寺駅
覚
雑司が谷公園
護国寺西
お茶の水女子大
学習院下
目白台二
日本女子大
茗荷谷駅
戸橋
目白不動尊
南蔵院
目白通り
関口台公園
有楽町線
文京区
カテドラル
聖マリア大聖堂
新江戸川公園
椿山荘
面影橋
フォーシーズンズ
ホテル椿山荘東京
甘泉園公園
早稲田
グランド坂下
江戸川公園
江戸川橋
リーガロイヤル
ホテル東京
大隈庭園
鶴巻町
江戸川橋駅
神田川
稲田通り
西早稲田
早稲田大
大隈講堂
江戸川橋通り
早大通り
穴八幡宮
馬場下町
院女子大
大日本印刷
早稲田大
文学部
早稲田駅
鶴巻南公園
牛込天神町
戸山公園
東西線
漱石公園
弁天町
神楽坂駅
矢来公園
外苑東通り
国立国際医療センター
清和病院
大久保通り
牛込弁天公園
統計センター
若松町
牛込北町
牛込神楽坂駅
若松河田駅
牛込柳町駅
都営大江戸線
市谷柳町

1：22,500

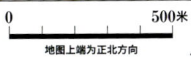

0   500米
地図上端为正北方向

225

巣鴨駅

山手線

六義園

P143

上富士前

動坂下

宮下公園

富士神社

駒込病院

道灌山

文京グリーンコート

吉祥寺

千石一

南北線

千石駅

千石駅前

旧白山通り

P140

本駒込駅

千石三

東洋大

Lee Cook

向丘二

文京スポーツ
センター

小石川植物園

白山神社

白山駅

日本医科大

根津神社

茗荷谷駅

竹早公園

白山下

植物園前

東大前駅

播磨坂

白山通り

小石川五

都営三田線

文京区

東京大学

春日通り

卍伝通院

本郷通り

丸ノ内線

伝通院前

後楽園駅

春日駅

本郷
三丁目

首都高速

目白通り

有楽町線

中央大

文京区役所

ラクーア

新宿区

小石川後楽園

東京ドーム

白銀公園

P174

東京ドーム
ホテル

水道橋駅

壱岐坂上

外堀通り

神田川

烤肉吉

順天堂

牛丸

中央線

水道橋

神楽坂

飯田橋駅

神楽坂
駅

東京
大神宮

水道橋駅

アイ・ガーデン・エア

神
楽
坂
駅

飯田橋一

千代田区

P141

P14

西日暮里五
西日暮里駅
三河島駅
尾竹橋通り
常磐線
山手線
京浜東北線
尾久橋通り

荒川区

日暮里公園

日暮里中央通り

田端新町

日暮里
南公園

P95

谷中霊園

鶯谷駅前
香味屋

寛永寺 卍
鶯谷駅

京成本線

入谷駅

入谷
言問通り

東京芸大 ⊗

東京国立博物館

東京都
美術館
上野公園

国立科学博物館

P95

上野動物園

国立西洋美術館

日本芸術院

根津駅

千代田線

韻松亭

不忍池

上野駅

昭和通り

台東区

東大附属病院

京成上野駅

稲荷町駅
浅草通り

菊屋橋

41

櫻井

上野御徒町駅

湯島天神

湯島駅

上野
広小路駅

御徒町駅

江知勝

蓬莱屋

仲御徒町駅

新御徒町駅

つくばエクスプレス
都営大江戸線

本多

P95

新堀通り

銀座線

日比谷線

首都高速

小川軒

末広町駅

台東一

鳥越一

蔵前橋通り

蔵前四

京医科
科大 ⊗

神田明神

清洲橋通り

湯島聖堂

御茶ノ水駅

丸五

秋葉原駅

P50

1:22,500

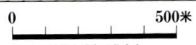

0　　　　　500米
地图上端为正北方向

227

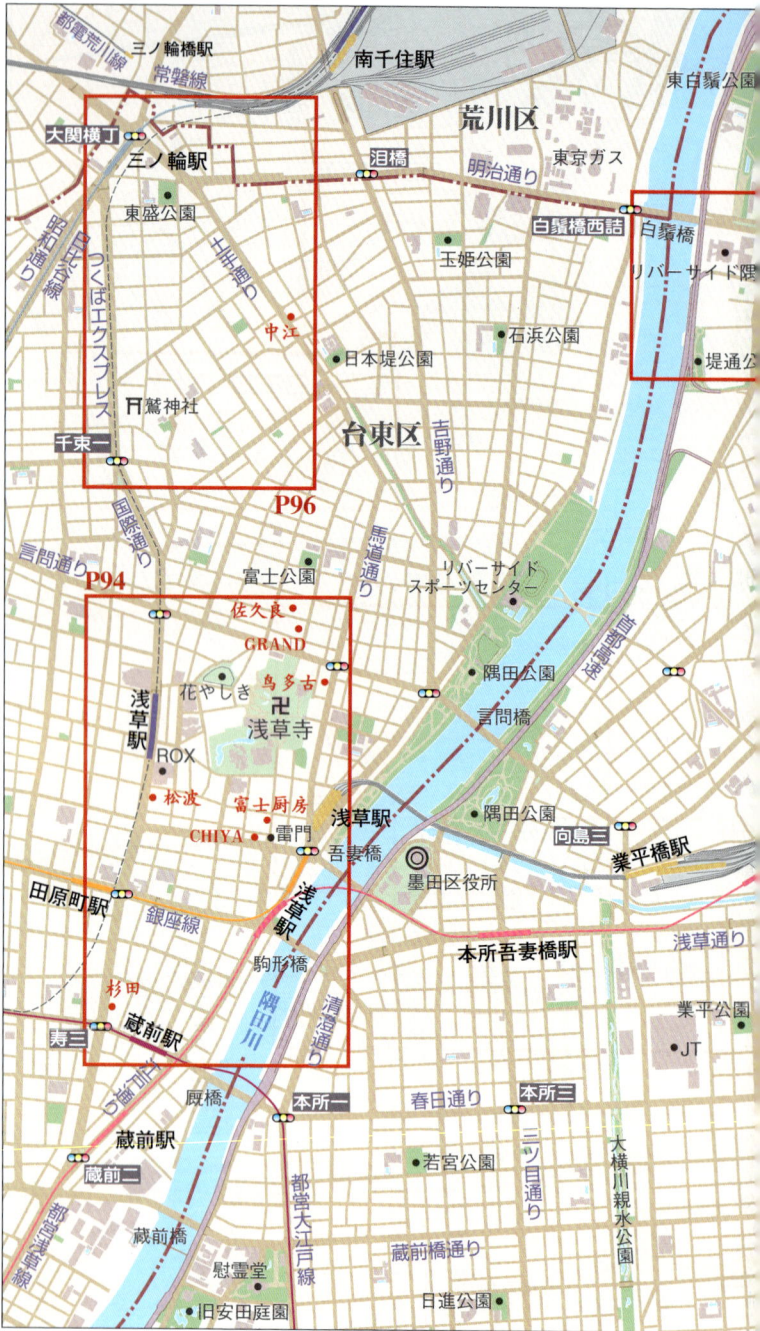

都電荒川線
三ノ輪橋駅
常磐線
南千住駅
東白鬚公園
荒川区
大関横丁
三ノ輪駅
泪橋
明治通り
東京ガス
東盛公園
玉姫公園
白鬚橋西詰
白鬚橋
リバーサイド隅
つくばエクスプレス
土手通り
国際通り
中江
日本堤公園
石浜公園
堤通公
鷲神社
台東区
吉野通り
千束一
P96
言問通り
国際通り
馬道通り
富士公園
リバーサイド
スポーツセンター
P94
佐久良
GRAND
浅草駅
花やしき
鳥多古
卍
浅草寺
隅田公園
言問橋
ROX
松波
富士厨房
隅田公園
向島三
業平橋駅
CHIYA
雷門
浅草駅
吾妻橋
墨田区役所
田原町駅
銀座線
浅草駅
本所吾妻橋駅
浅草通り
駒形橋
清澄通り
業平公園
JT
杉田
隅田川
蔵前駅
寿三
大横川親水公園
蔵前駅
厩橋
本所一
春日通り
本所三
蔵前二
若宮公園
三ツ目通り
都営大江戸線
蔵前橋
慰霊堂
蔵前橋通り
旧安田庭園
日進公園

四ツ木橋

新四ツ木橋

四ツ木駅

葛飾区

京成押上線

綾瀬川

東武伊勢崎線

四ツ木橋南

木根川橋

白鬚公園

八広駅

荒川

餐庁

八広公園

東向島駅

吾嬬西公園

向島百花園

東向島

P97

曳舟川通り

京成押上線

中居堀通り

東墨田公園

府駅

京成曳舟駅

墨田清掃工場

京島

新平井橋公園

明治通り

江戸川区

東武亀戸線

中居堀

ライオン

旧中川

小村井

駅

墨田区

小村井駅

大正民家園

東あずま公園

十間橋

オリンピック

東あずま駅

北十間川

横十間川

花王

福神橋

日通

亀戸天神

新小原橋

亀戸中央公園

亀戸水神駅

総武線

錦糸公園

1:22,500

0   500米

地図上端为正北方向

229

成田東四　青梅街道　高円寺陸橋下　東高円寺

丸ノ内線　新高円寺駅　セシオン杉並　蚕糸の森公園

梅里中央公園

真盛寺卍

松ノ木三

五日市街道　妙法寺卍　妙法寺入口

善福寺川緑地

成田東三　荒玉水道路　環七通り

松ノ木八幡通り　東京立正女子短大⊗

立正佼成

和田堀公園●　善神寺川

善福寺川緑地

松ノ木運動場●　郷土博物館●　卍熊野神社

和田堀公園

高千穂大⊗　方南町　方南町

大宮八幡宮♀　大宮八幡入口　方南通り

大宮八幡前　東運寺

杉並区　神田川

西永福　方南通り　方南小前

西永福駅　永福体育館●

荒玉水道

荒玉水道路

永福町駅　永福町駅前　龍光寺卍

永福通り　井ノ頭通り

永福二　和泉二　和泉給水所

東電総合グラウンド　永福寺卍　松原

神田川　永福一

明治大⊗

築地本願寺卍　和田堀　給水所

首都高速　和田堀廟所　明大前駅　羽根木神社

甲州街道　京王線　京王井の頭線

下高井戸駅　菅原神社♀

勝林寺卍

⊗日大文理学部

杉山公園
青梅街道
卍 宝仙寺
中野坂上駅 中野坂上
杉山公園 新中野駅 鍋屋横丁 中野新橋入口
サンブライト
ツイン
ハーモニー
スクエア
丸ノ内線
⊗ 女子美術大
神田川
東京工芸大 ⊗
山手通り
都営大江戸線
中野新橋駅
寿橋
弥生町二
救世軍記念病院
西新宿
五丁目駅
本郷通り
中野富士見町駅
中野区
清水橋
新宿区
方南通り
栄町公園
南台
東大海洋研究所 ●
中野通り
宝福寺 卍
多田神社 卍
大善寺 卍
新国立劇場 ●
● 南台公園
幡ヶ谷
新道公園 ●
⊗ 帝京短大
水道道路
京王新線
幡ヶ谷二
幡ヶ谷駅
● 笹塚公園
卍 清岸寺
首都高速
京王線
渋谷区
スポーツセンター
笹塚
幡ヶ谷一
甲州街道
泉南
笹塚駅
消防科学
研究所
常盤橋
国際協力機構
東京国際センター
代々木 ●
西原公園
大原
P140
橋駅
● 代々木大山公園
卍
雲照寺
渋谷区
大原二
井ノ頭通り
大山
代々木上原駅
上原三
茶沢通り
小田急線
古賀政男
音楽博物館
世田谷区
東北沢駅
東海大
第二工学部 ⊗
専光寺 卍
目黒区

1 : 22,500   0   500米

地图上端为正北方向

中野区

神田川

青梅街道
丸ノ内線

中央線

西武新宿駅

P174

新宿区役所

◎

東新宿駅

明治通り

成子天神社

成子天神下

西新宿駅

新宿
西口駅

花園神社

王路地

東京医科大
病院

三井ビル

センタービル

小田急

マイ
シティ

伊勢丹

中央公園北

住友ビル

センチュリーハイアット

都営大江戸線

都庁前駅

京王

Horn

新宿
三丁目駅

西新宿
五丁目駅

東京都庁

新宿駅

卍天竜寺

中央公園西

新宿 NSビル
中央公園

モノリス

KDDI

京王新線

京王線

タカシマヤ
タイムズスクエア

新宿ワシントンホテル

上ノ池

新宿御

新宿パークタワー

文化女子大

ドコモ代々木ビル

西新宿四

東京オペラ
シティ

甲州街道

西参道口

南新宿駅

代々木駅

首都高速

千駄ヶ

新国立
劇場

初台

初台駅

北参道

国立能楽

初台一東

参宮橋

宝物殿

明治通り

鳩森神

参宮橋駅

明治神宮

山手線・埼京線

小田急線

卍本殿

山手通り

オリンピック記念
青少年総合センター

千駄ケ

初台坂下

渋谷区

代々木八幡神社

P140

東郷神社 卍

代々木八幡駅

代々木公園

原宿駅

明治神宮前駅

美口亭

代々木
公園駅

千代田線

ラフォーレ原

富ヶ谷

第一体育館

国立代々木競技場

表参道
ヒルズ

表参道

明治通り

NHKホール

井ノ頭通り

NHK

C.C.レモン
ホール

穏田神社 卍

山手通り

⊗東京女子医科大

外苑東通り

卍月桂寺

●加賀公園

納戸町
公園

●大日本印刷

新宿区

東京女子
医科大病院

市谷仲之町

⊗東京医科大

防衛省

卍安養寺

合羽坂

合羽坂下

市谷八幡町

市ヶ谷駅

生年金会館

曙橋駅

都営新宿線

有楽町線

市谷本村町

●愛住公園

●新宿歴史博物館

外堀通り

千代田区

花園公園

津の守坂通り

麹町駅

新宿通り

新宿通り

ノ内線

四谷三
丁目駅

四谷三

卍笹寺

╀於岩稲荷

四ツ谷駅

忍

聖イグナチオ
教会

P174

外苑西通り

慶応義塾大
医学部 ⊗

もとまち
公園

⊗上智大

藻池

ノ池

ドノ池

慶応病院

信濃町駅前

外苑東通り

中央線

首都高速

南北線

清水谷公園

ホテル
ニューオータニ

国立競技場駅

信濃町駅

迎賓館

育館

●国立競技場

明治記念館

東宮御所

見赤
附坂
駅駅

明治神宮外苑

権田原

仙寿院

●日本青年館

赤坂御用地

P51

神宮球場

秩父宮
ラグビー場

いちょう並木

青山一丁目駅

高橋是清翁
記念公園

●新青山ビル

カナダ
大使館

伊藤忠ビル●

青山通り

外苑東通り

都営大江戸線

港区

赤坂駅

外苑前

ベルコモンズ

外苑前駅

●青葉公園

TBS

赤坂通り

青山三

千代田線

氷川神社 ╀

青山霊園

乃木坂駅

乃木坂

檜町公園

東京ミッド
タウン

P52

国立新美術館

政策研究
大学院大

六本木駅

スパイラル

●立山墓地

六本木通り

首都高速

1：22,500

0   500米

地図上端为正北方向

233

新宿区

ホテルグランドパレス●

専修大 ⊗

明治大

●逓信病院

⊗法政大

九段下駅　九段下

神保町駅 ⊗

都営新宿線

九段会館

九段坂上

千代田
区役所 ◎

日本武道館

市ヶ谷駅

北の丸公園

P51

●科学技術館

共立女子大 ⊗

竹橋駅

首都高速

大妻女子大 ⊗

TONY ROMA'S
三番町店

千鳥ヶ淵
戦没者墓苑

●国立近代
美術館

平川門

一番町

千鳥ヶ淵

国立近代美術館
工芸館

気

有楽町線

半蔵門線

内堀通り

イギリス
●大使館

●吹上大宮御所

皇居東御苑

東西線

麹町駅

半蔵門駅

新宿通り

半蔵門

御所●

皇居

千代田区

パレスホテル

宮内庁●

●国立劇場

桜
田
濠

宮中三殿

●最高裁判所

二重橋前駅

●国会図書館

永田町駅

憲政
記念館●

二重橋

丸の
マイプラ

●

赤坂見附駅

佛雷絲

●国会議事堂

桜田門駅

帝国劇場

警視庁●

日比谷駅

日枝神社
♁

国土
交通省●

法務省●

日
比
谷
線

赤坂駅

国会議事堂前駅

外務省●

霞ケ関駅

日
比
谷
公
園

P51

●首相官邸

●内閣府

霞ケ関駅

内
幸
町
駅

摩耶

小
片
半

溜池山王駅

●財務省

溜池

霞が関ビル

虎ノ門

銀座線

外
堀
通
り

新橋駅

今朝

六本木二

虎ノ門駅

港区

岡田

汐
シオサ

●虎の門病院

●アーク
ヒルズ

ホテル
オークラ

P52

末源

桜田公園●

南
北
線

虎ノ門
パストラル

●慈恵医大
病院

真子

六本木一丁目駅

新御茶ノ水駅

秋葉原駅

神田川

総武線

浅草橋駅

牡丹

小川町駅

淡路町駅

山一

岩本町駅

東神田

浅草橋

P11

千代田線

司町

丸ノ内線

神田駅

昭和通り

日比谷線

総武快速線

馬喰町駅

馬喰横山駅

東日本橋駅

鳥安

隅田川

P50

新日本橋駅

日銀

三越

堀留公園

小伝馬町駅

久松町

浜町駅

明治座

P11

舒心

大和

人形町今半

人形町駅

小春軒

日山

三越前駅

サピア
タワー

大丸

水天宮

蛎殻町

水天宮
前駅

P10～P11

日本橋駅

泰明軒

手町駅

手町

丸の内
オアゾ

東京駅

東証取引所

茅場町駅

永代通り

首都高速

高島屋

島

八重洲通り

都営浅草線

中央通り

伊勢広京
橋総店

京橋駅

宝町駅

IBM
箱崎ビル

牛幸総店

八丁堀

永代橋西

P11

八丁堀駅

桜川公園

鍛冶橋通り

永代公園

住友ツイン
ビル

京葉線

煉瓦亭

Vin de Rêve

銀座駅

三越

昭和通り

松屋

烤肉銀

新富町駅

新橋通り

中央区

中央大橋

三河屋

筑

公坂屋

東銀座駅

銀之塔

中央
区役所

リバーシティ21

佃公園

晴海運河

築地駅

新橋演舞場

卍 築地本願寺

聖路加
国際病院

聖路加
ガーデン

隅田川

佃大橋

築地市場駅

海通り

清澄通り

朝日新聞社

月島駅

初見橋

1：22,500

0   500米

地図上端为正北方向

235

台東区

旧安田庭園●

日進公園●

北斎通り

アルカ
キット

江戸東京
博物館●

国技館●

両国
駅

P97

●緑町公園

テル三

両国駅

総武線

●緑三

江東橋

両国橋

両国二

京葉道路

緑一

隅田川

野味屋

角家

墨田区

首都高速

竪川

清澄通り

千歳公園●

三ツ目通り

●菊川公園

菊川駅

大横川

P97

中和公園●

山利喜

美家

都営新宿線

菊川駅前

新大橋通

浜町駅

新大橋

森下駅

森下駅前

浜町公園

深川神明宮

江東
会館

中央区

芭蕉記念館●

八名川公園

高橋・常盤

●高森公園

森下五

オリンピック

芭蕉庵
史跡庭園

小名木川

清洲橋

清洲橋東詰

清澄
白河駅

清澄白河駅

白河三

清洲橋

扇橋

卍霊厳寺

半蔵門線

●清澄公園

深川江戸資料館

東京都
現代美術館

隅田川大橋

●清澄庭園

浄心寺
卍

木場
公園

大横川

千

運動公

西江川

深川図書館●

都営大江戸線

仙台堀川

亀堀公園●

卍 法乗院
えんま堂

木場公園前

●豊住

東西線

葛西橋通り

木場
公園

横十

永代通り

永代公園

門前仲町駅

深川
不動尊
卍

平久川

三ツ目通り

大横川

大門通り

臨海公園●

富岡八幡宮

木場駅

東陽

深川スポーツ
センター●

牡丹町
公園

大横川

木場五

越中島
公園●

牡丹三

首都高速

越中島駅

相生橋

東京海洋大

イトー
ヨーカドー●

●平久公園

京葉線

越中島通り

釣船橋

汐浜運河

晴海運河

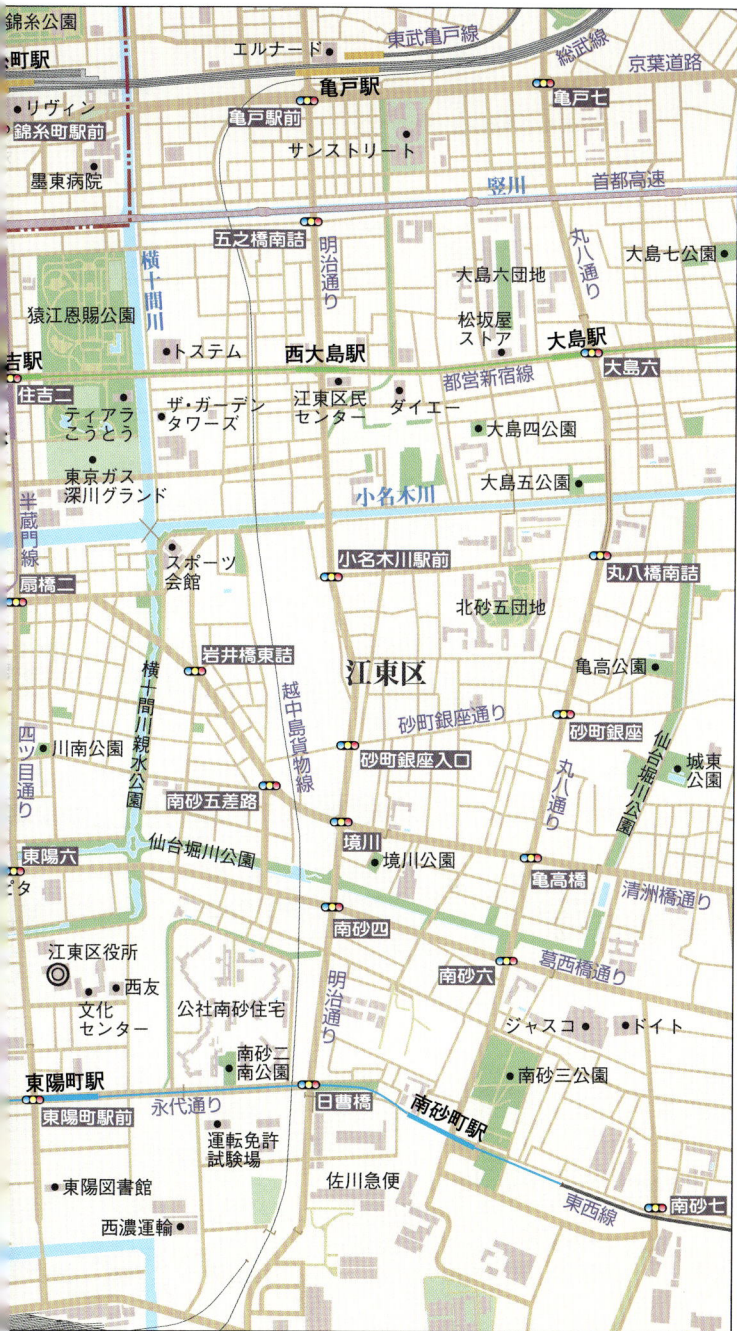

錦糸公園

エルナード ●

東武亀戸線

総武線

京葉道路

亀戸駅

● リヴィン

亀戸駅前

亀戸七

● 錦糸町駅前

サンストリート

● 墨東病院

竪川

首都高速

五之橋南詰

明治通り

横十間川

丸八通り

大島七公園 ●

大島六団地

猿江恩賜公園

トステム ●

西大島駅

松坂屋
ストア

大島駅

大島六

吉駅

住吉二

ティアラ
こうとう ●

ザ・ガーデン
タワーズ ●

江東区民
センター ●

都営新宿線

ダイエー ●

大島四公園 ●

東京ガス ●
深川グランド

小名木川

大島五公園 ●

半蔵門線

扇橋二

● スポーツ
会館

小名木川駅前

丸八橋南詰

北砂五団地

岩井橋東詰

江東区

亀高公園 ●

四ツ目通り

越中島貨物線

横十間川親水公園

川南公園 ●

砂町銀座通り

砂町銀座

仙台堀川公園

城東
公園

南砂五差路

砂町銀座入口

丸八通り

東陽六

境川

境川公園 ●

亀高橋

清洲橋通り

南砂四

江東区役所 ◎

● 西友

南砂六

葛西橋通り

文化
センター

公社南砂住宅

明治通り

ジャスコ ●

● ドイト

南砂二
南公園

● 南砂三公園

東陽町駅

東陽町駅前

永代通り

日曹橋

南砂町駅

運転免許
試験場

● 東陽図書館

佐川急便

東西線

南砂七

西濃運輸 ●

1 : 22,500

0   500米

地図上端为正北方向

237

㉛日大文理学部

勝林寺 卍

松原公園 •

東松原駅

東急世田谷線

赤松公園 •

赤堤五

松原駅

羽根木公園

西福寺 卍

六所神社 ⛩

梅ヶ丘病院 •

光明養護学校

小田急

赤堤通り

赤堤交番前

赤堤

松原六

総合福祉
センター

梅ヶ丘駅

山下西公園 •

山下駅

世田谷区

宮坂三

• 山下公園

豪徳寺駅

梅丘二

オダキュー
OX

• ピーコック

常徳院 卍

卍

経堂駅

乗泉寺別院

福昌寺

世田谷八幡宮 ⛩

豪徳寺 卍

国士舘大 ㉛

経堂大橋

宮の坂駅前

宮の坂駅

若林公園 •

松陰

区民会館 •

◎世田谷区役所

勝光院 卍

• 世田谷
城址公園

上町駅

世田谷駅

松陰神社前

世田谷三

円光院 卍 卍 大吉寺

松陰神社

世田谷駅前

世田谷通

㉛東京農大

サミット

松丘交番

郷土資料館 • • 代官
屋敷跡

• 世田谷中央病院

浄光寺 卍

駒留通り

世田谷通り

卍
実相院

常在寺 卍

中央図書館 •

小泉公園 •

弦巻五

弦巻神社 ⛩

向天神橋

弦巻四

弦巻三

弦巻通り

駒沢公園通り

馬事公苑

駒沢給水所 •

医薬品食品
衛生研究所

• 新町公園

陸上自衛隊

駒沢緑泉公園

上用賀一

桜新町駅

• 東電

東急田園都市線

砧公園通り

桜新町

新町

善養院 卍

新町一

西友

首都高速

駒澤大

新代田駅
下北沢駅
北沢タウンホール
本多劇場
池ノ上駅
三角橋
東大先端科学
技術研究センター
駒場公園
東大駒場
キャンパス
日本民芸館
京王井の頭線
駒場東大前駅

下北沢駅入口

世田谷代田駅

代沢三差路

池ノ上
青少年会館

駒場野公園

目黒区

卍 森巌寺
北沢八幡神社

淡島通り

池尻北公園

東邦大
大橋病院

卍 円乗院
前橋

梅丘通り

代沢

淡島

代沢十字路

勝光院 卍

御嶽山大神
卍 円泉寺

三宿池尻

池尻大橋駅

池尻三公園

玉川通り

池尻大橋駅

貝塚公園

吾林陸橋

福寿稲荷

八幡神社

太子堂三

三宿

東急田園都市線

東山公園

東急世田谷線
駅

教学院
卍

西友

三軒茶屋駅

首都高速

世田谷公園

防衛庁
技研本部

西太子堂駅
キャロットタワー

三軒茶屋

昭和女子大

自衛隊
中央病院

三宿通り

保健センター

若林

三宿病院

丸山公園

卍 正蓮寺

下馬一

駒留陸橋

マルエツ

世田谷署前

西澄寺 卍

駒繋神社

駒繋公園

世田谷観音

子の神公園

上馬公園

世田谷観音

上馬

宗円寺

鶴が久保公園

環七通り

下馬中央公園

目黒区

卍 龍雲寺

野沢稲荷

下馬五南
下馬公園

マルエツ

龍雲寺

野沢公園

自由通り

サミット

野沢

目黒区

学芸大学駅

1 : 22,500

0   500米
地図上端为正北方向

239

山手・埼京線

観世能楽堂
東急ハンズ
東急本店
西武
宮下公園
青山病院
こどもの城
青山学院
109
渋谷マークシティ
渋谷駅
東急東横店
渋谷
東大駒場
キャンパス
京王井の頭線
神泉駅
セルリアン
タワー
並木橋
松見坂
大坂橋
神泉町
インフォス
タワー
渋谷区
首都高速
東急田園都市線
旧山手通り
東急東横線
池尻大橋駅
菅刈公園
西郷山
公園
代官山
アドレス
ピーコック
恵比寿
公園
貝塚公園
目黒川
代官山駅
東山公園
青葉台一
山手通り
ヒルサイドテラス
鑓ヶ崎
駒沢通り
上目黒
恵
中目黒駅
野沢通り
三宿病院
中目黒立体交差
目黒区役所
正覚寺
東京
共済病院
川の資料館
防衛省
技術研究所
中目黒公園
田切公園
祐天寺駅
八幡公園
目黒警察署
P1
目黒
清掃
祐天寺
現代彫刻美術館
田道
目黒区美術館
祐天寺二
郷土資料室
目黒区
駒沢通り
バングラデシュ
大使館
大鳥神社
大鳥
油面公園
元競馬場
目黒
寄生虫館
油面
目黒通り
東急
ストア
学芸大学駅
不動公園
五羅
不動公園

青山霊園　P53

六本木駅　牛舌店又兵卫

長谷寺卍　大安寺卍　卍　豚組

LAUBURU　慈眼院

六本木通り　西麻布　叙叙苑游玄亭　六本木ヒルズ

首都高速　高樹町

外苑東通り　都営大江戸線　P52

P53　満天星　P52

東四　麻布十番駅

笄公園

国学院大　中国大使館

日赤医療センター　本光寺卍

外苑西通り

聖心女子大　有栖川宮記念公園

広尾駅　天真寺卍　仙台坂

ドイツ大使館

プライムスクエア　日比谷線

谷橋　フランス大使館　明治通り　フジフィルム

公園　明治通り　渋谷川　光林寺　南北線

恵比寿駅東口　広尾病院　首都高速　古川橋

薇　北里大薬学部

恵比寿ガーデンプレイス　恵比寿三　白金六　白金高輪駅　白金一

港区

山手線　東大医科学研究所　白金高輪駅　清正公前

国立自然教育園　南北線　ラディソン都ホテル東京

埼京線　国立公衆衛生院　都営三田線　八芳園

東京都庭園美術館　白金台駅　明治学院大　卍泉岳寺

白金台　桜田通り

目黒通り　明治学院前

美術館　ヒルトップガーデン目黒　高輪公園

円寺卍　目黒駅　アトレ目黒　高輪台　高輪プリンスホテル

アルコタワー　首都高速　新高輪プリンスホテル

黒園　池田山公園　高輪台駅

不動　杉野服飾大　NTT東日本関東病院　品川区　都営浅草線　ホテルパシフィック東京

1：22,500　　0　　500米

地图上端为正北方向

241

六本木一丁目駅

南北線

日比谷線

神谷町駅

御成門駅

慈恵医大病院

慈恵医大 ⊗

日比谷通り

汐留駅

燕乐

浜松町一

P52

飯倉

芝公園三

ロシア
大使館

東京プリンス
ホテル

東京タワー

芝公園

増上寺 卍

港区役所 ◎

芝大神宮 卍

大門駅

四季

芝公園前

増上寺前 卍

ザ・プリンス
パークタワー東京

東照宮 卍

ホテル
メルパルク

浜松町駅

世界貿易センター
ビル

旧芝離宮
恩賜庭園

麻布
十番
駅

P52

都営大江戸線

赤羽橋駅

済生会中央病院

芝公園駅

竹芝

東京ガス

首都高速

二の橋

三田国際ビル

芝公園

古川

芝園橋

金杉橋

浜崎

三井
倶楽部

イタリア
大使館

港区

山手・京浜東北線

東芝ビル

シーバンス

三の橋

慶應義塾大 ⊗

NEC

芝四

芝浦一

日の比

第一京浜

芝五

南浜橋

ゆりかもめ

海岸通り

都営三田線

三田二

田町駅

三田駅

東海道線

東京モノレール

沿海岸通り

芝浦運河

芝浦ふ頭
駅

札の辻

横須賀線

首都高速

魚籃坂下

潮路橋

埠頭公園

伊皿子

八千代橋

旧海岸通り

芝浦運河

泉岳寺駅

泉岳寺

東海道新幹線

芝浦中央公園

高浜橋

臨港

高輪二

芝浦水再生
センター

新芝運河

京浜運河

首都
臨港

新港南橋

NTT品川
ツインズ

品川駅

港南二

品川北ふ頭公園

第一京浜

朝日新聞社

勝鬨橋

中央卸売市場

浜離宮庭園

隅田川

ニューピア
竹芝

月島駅

有楽町線

都営大江戸線

清澄通り

勝どき駅前 ●●●
勝どき駅

晴海通り

月島川

新月島公園 ●

新島川

中央区

トリトン
スクエア

朝潮運河

黎明橋
公園

●●● 晴海三

豊海町 ●●

豊海運動公園

朝潮ふ頭

●●● 晴海五

晴海ふ頭

豊洲ふ頭

晴海運河

晴海ふ頭公園 ●

市場前駅

晴海客船ターミナル

東京港

江東区

ゆりかもめ

東雲運河

レインボーブリッジ

有明テニスの森公園 ●

ゆりかもめ

有明テニスの森 ●●●

台場公園 ●

臨港道路

有明スポーツ
センター

湾岸道路

クリーンセンター ●

シーリア前 ●●●

お台場海浜公園 ●

お台場海浜公園駅

首都高速

● デックス東京ビーチ

りんかい線

1：22,500

0   500米

地図上端为正北方向

243

豊洲貯木場

豊洲橋

豊洲一公園 ●

●日本ユニシス

ニュートン
プレイス

浜園橋

塩浜二東

●塩浜公園

●浜園公園

京葉線

塩浜二公園 ●

汐見運河

文 芝浦工大

●塩浜一

汐板橋

●枝川三公園

春海橋

豊洲二

朝凪橋

●●枝川橋東

豊洲センタービル

●●枝川一

晴海運河

豊洲駅

潮見運動公園 ●

豊洲公園 ●

●●豊洲駅前

七枝橋

がすてなーに●
(ガスの科学館)

●ドゥ・スポーツプラザ晴海

江東区

辰巳橋

東雲橋

●●辰巳橋東

ゆりかもめ

●東雲橋

●ジャスコ

辰巳運河

新豊洲駅

東雲キャナル
コート

辰巳駅

●●東雲一

辰巳 ●●

東雲運河

晴海通り

新辰巳橋

首都高速

りんかい線

●●東雲

有明
テニスの森駅

東雲駅

新末広橋

湾岸道路

ゆりかもめ

●有明コロシアム

建材埠頭

●有明テニスの森公園

国際展示場駅

有明駅

パナソニックセンター

●東京ベイ有明ワシントンホテル

国際展示場
正門駅

東京港

ワンザ有明●

東京ビッグサイト
(東京国際展示場)

●水の広場ふ頭公園

越中島貨物線

● 新砂一
● 東京湾マリーナ

西濃運輸 ●
新東京郵便局
曙北運河
● 古賀オール工場

潮見沢

砂町水再生センター

● 新砂二

潮見公園前

砂町運河

夢の島大橋
新砂貯木場

夢の島マリーナ

明治通り

京葉線
夢の島運動場
第五福竜丸展示館
● 夢の島熱帯植物館

● 新江東清掃工場

海辰巳の森
夢の島競技場
夢の島公園
● 少年野球場

東京辰巳国際水泳場
湾岸道路

辰巳の森緑道公園
夢の島

新木場駅
警視庁術科センター ●

有楽町線
東千石橋北

● 千石橋北

千石橋

新木場公園 ●
14号地第一貯木場

新木場三

新木場二
東千石橋

12号地貯木場
14号地第二貯木場
東京ヘリポート ●

南千石橋

若洲橋

砂町南運河
ヨット訓練所 ●

若洲海浜公園 ●

若洲ゴルフリンクス ●

1 : 22,500

0   500米
地図上端为正北方向

245

東急田園都市線
長谷川町子
美術館
駒澤大
卍 用賀神社
玉川通り
首都高速
谷川
駒沢公園通り
用賀駅
用賀一
医王寺 深沢不動
日本体育大 ⊗
卍 卍
用賀中町通り
駒沢通り
卍 深沢神社
瀬田中
中町四
園芸高 ⊗
谷沢川
世田谷区
駒沢公園通り
深沢公園 ●
環八通り
多摩美大前
上野毛通り
目黒通り
多摩美大 ⊗
東横学園女子短大 ⊗
産能 ⊗
五島
美術館
上野毛駅
東急大井町線
駒八通り
● 上野毛自然公園
丸子川
玉川IC
等々力駅
等々力通り
尾山台駅
玉川野毛町公園 ●
等々力不動前
多摩川
● 等々力渓谷
卍 等々力
不動尊
尾山台一
照善寺
卍
卍
多摩堤通り
卍 宇佐神社
武蔵工業大 ⊗
丸子川
多摩川
多摩沿線道路
川崎市
高津区
川崎市
中原区

東根公園

南原公園

唐ヶ崎通り

東京医療センター

碑文谷公園

駒沢通り

柿の木坂通り

目黒区

環七通り

狗沢公園

釜町公園

ダイエー

狗沢公園

やくも文化通り

めぐろ区民
キャンパス

柿ノ木坂陸橋

沢

自由通り

目黒通り

すずめのお宿
緑地公園

能短大

中根

都立大学駅

大岡山小前

環七通り

能短大

学園通り

立源寺

中根公園

呑川緑道

品仏
真寺

熊野神社

東急東横線

大岡山公園

自由が丘駅

東急大井町線

緑が丘駅

大岡山駅

品仏駅

奥沢駅

東急目黒線

東京工業大

区民センター

大田区

環八通り

玉川田園調布

P53

自由通り

大音寺

川浄水場

東玉川

石川公園

呑川

烤肉久

田園調布駅

石川台駅

大田区

環八通り

宝来公園

石川町

1 : 22,500

0   500米

地図上端为正北方向

学芸大学駅

東急東横線

目黒郵便局前

国立教育政策研究所

目黒不動尊卍

林試の森公園

小山台公園

P53

清水池公園

田向公園

26号線通り

目黒本町五

小山台東公園

東急目黒線

武蔵小山駅

東急ストア

目黒区

サレジオ教会

円融寺卍

区中央体育館

石井

武蔵小山

すずめのお宿緑地公園

碑文谷八幡宮

三谷八幡神社

荏原中央公園

平塚橋

西小山駅

富士見台公園

南

環七通り

江戸見坂公園

摩耶寺卍

小山八幡神社

荏原南公園

荏原図書館

中原街道

北千束北公園

洗足駅

東急病院

東急目黒線

北千束五差路

昭和大

昭和大病院

大岡山駅

北千束駅

東急大井町線

旗の台

旗の台広場公

旗の台駅

オリンピック

南千束

荏原町駅

洗足池公園

洗足池

中原街道

長原駅

洗足池図書館

大岡山駅入口

洗足池

小池釣堀

夫婦坂

環七通り

東急池上線

洗足池駅

洗足区民センター

石川台駅

大田区

東中公園

ホテルパシフィック東京 ●

清泉女子大 ⊗

品川プリンス
ホテル

港区

かむろ坂下 ◉◉

上大崎三 ◉◉

桜田通り

山手通り

首都高速

五反田駅

不動前駅

大崎局前 ◉◉

西五反田一 ◉◉

御殿山ヒルズ ● ●

大崎広小路 ◉◉

西霧ヶ谷公園

ゆうぽうと

TOC ●

区総合体育館 ●

大崎ニューシティ ●

長応寺

戸越銀座駅前通り

⊗ 立正大

ゲートシティ大崎 ●

星薬科大

中原口 ◉◉

大崎駅

平塚中央公園 ●

居木橋 ◉◉

目黒川

陽公園

百反通り

戸越銀座駅

戸越駅

品川区

わかば公園 ●

りんかい線

京浜東北線

戸越八幡神社 卍

東急池上線

戸越三 ◉◉

国文学研究資料館 ●

戸越公園 ●

荏原中延駅

戸越公園駅

戸越南公園 ●

下神明駅

JR東日本総合
車両センター

品川区役所 ◎

東急大井町線

きゅりあん

延駅

NFパークビル ●

大井町駅

アトレ大井町 ●

中延駅

豊町公園 ●

阪急

二葉四 ◉◉

二葉公園 ●

大井三ツ又 ◉◉

西大井
広場公園

池上通り

西大井駅

東海道新幹線

横須賀線

滝王子通り

卍 西光寺

大井五 ◉◉

都営三京浜

浜川公園 ●

第二京浜

馬込駅

品川歴史館 ●

鹿島神社 卍

松原橋 ◉◉

第一京浜

立合川

1 : 22,500

0   500米

地図上端为正北方向

249

版权信息

The Best Selection of Meat Dish Restaurants in Tokyo

Copyright © 2007 Asako Kishi and Tokyo Shoseki Co., Ltd.

All rights reserved.

Originally published in Japan by Tokyo Shoseki Co., Ltd.

Chinese (in simplified characters only) translation rights arranged with Tokyo Shoseki Co., Ltd. through Toppan Leefung Printing Limited

图书在版编目（CIP）数据

东京五星烤肉店 / （日）岸朝子，日本东京书籍株式会社编著 ；黄晔译. — 北京：北京美术摄影出版社，2019.12

书名原文：The Best Selection of Meat Dish Restaurants in Tokyo

ISBN 978-7-5592-0061-7

Ⅰ. ①东… Ⅱ. ①岸… ②日… ③黄… Ⅲ. ①烧烤—餐馆—介绍—东京 Ⅳ. ①F719.3

中国版本图书馆 CIP 数据核字 (2017) 第 281989 号

北京市版权局著作权合同登记号：01-2017-1447

责任编辑：董维东

助理编辑：刘　莎

责任印制：彭军芳

东京五星烤肉店

DONGJING WUXING KAOROUDIAN

[日] 岸朝子　日本东京书籍株式会社　编著

黄晔　译

出　版　北京出版集团公司

　　　　北京美术摄影出版社

地　址　北京北三环中路6号

邮　编　100120

网　址　www.bph.com.cn

总发行　北京出版集团公司

发　行　京版北美（北京）文化艺术传媒有限公司

经　销　新华书店

印　刷　上海利丰雅高印刷有限公司

版印次　2019年12月第1版第1次印刷

开　本　787毫米×1092毫米 1/32

印　张　7.8125

字　数　200千字

书　号　ISBN 978-7-5592-0061-7

审图号　GS (2017) 2686号

定　价　79.00元

如有印装质量问题，由本社负责调换

质量监督电话　010-58572393